戦闘力上がりすぎて
ひとりで頑張っている
あなたへ

1日5分、
スキマ時間に
ととのう本

根本裕幸

ハーパーコリンズ・ジャパン

はじめに

カウンセリングやセミナーでお会いする方に、どことなく共通した雰囲気がある、と気づいたのはカウンセラーになって10年目ぐらいの頃だったように思います。「自立的で、情に厚く、曲がったことが嫌いで頑張り屋。見た目はとても女性的だけど、中身は男っぽい」一言で表すとそんな女性たちでした。

恋愛や夫婦の問題、仕事やこれからの生き方についてのお話を伺ううちに、どこからともなく「武闘派女子」という言葉が浮かびました。ブログなどでその言葉を使ってみると、読者の方々から「それは私のための言葉です！」という声がたくさん届き、以後、メールのコメントにも「生粋の武闘派女子です」などという言葉が躍るようになりました。

字面から察する部分もあるかと思いますが、その特徴を50個書き出してみました。もし、10個でも当てはまるものがあれば「どうやらわたしは武闘派女子らしい」と思っていただき、気合を入れて本文を読み進めてください。

1 情に厚く、涙もろい。
2 誰かのためについ頑張ってしまう。
3 理性的に振る舞えるが、じつは感情の波は激しく、自分の感情によく振り回される。
4 自分は頑固で融通が利かないと思っている。
5 相手の心の動きをキャッチするのが得意である。
6 直感や感性は鋭いほうだと思う。
7 頭の回転が速く、つい先読みして動いてしまう。
8 あれこれ気がつく、気が利くので先回りして面倒を見てしまう。
9 自分は損な性格だと思うこともあるが、案外気に入ってもいる。
10 姉さん、とか、男らしい、とか言われることがある。
11 「見た目は女らしいけど中身はおっさんだね」と言われるが、いやではない。

12 オシャレなバーやレストランもときめくけれど、大衆酒場も捨てがたい。

13 しっかり者と言われることが多い一方で、じつは天然なところがある。

14 たいていの問題は自分ひとりで解決してきた。

15 友達や仲間に恵まれていると思う。

16 自分は運がいいと思っている。

17 ふつうの女子とはちょっと違うかな？　と思っている。

18 曲がったことは許せないし、嘘は嫌いである。

19 人にはあまり見せないが本当は弱い部分もあって、ひとりで泣いた夜もたくさんある。

20 ファッション、メイク、アクセなどは手を抜かない。

21 人と一緒なのはいやで、個性的なものを好む傾向にある。

22 センスは悪くないと思う。

23 コミュ力が高い、と周りの人には思われている。

24 困った人、傷ついた人、影のある人を見ると放っておけない。

25 自分よりも強い男の出現を待ち望んでいるが、そんな男はいないことも知っている。

26 好きになると何でもしてあげたくなるが、心のすべては渡さない。

27 「君は強いから僕がいなくても生きていける」と恋人に言われたことがある。

28 尊敬できる男が好きだが、すぐに男の尊敬できない面を見つけてしまう。

29 高圧的な男を見ると「どう見返してやろうか」と手ぐすねを引いてしまう。

30 男が思う「かわいい女子」にはなかなかなれないと思う。

31 仕事はできるほうだけど、趣味や自分の時間も大事だと思っている。

32 頼まれると断れないので、ついついハードワークをしてしまう。

33 「ここでわたしが倒れたら全員討ち死にじゃ！」と決死の覚悟で仕事に挑んだ経験がある。

34 部下を守るために上司と戦ったことも一度や二度ではない。

35 後輩女子にはよくモテる。目上の女子からは頼りにされるか嫉妬の対象となる。

36 恥ずかしがりやなので好きな人の前に出ると何も言えなくなる。

37 「ほんとうは人見知りなの」と言うと、ドン引きされる。

38 人に頼ったほうがいいとわかっているけれど、やっぱり苦手だ。

39 仕事は問題ないのになんで恋愛、結婚は……という悩みを持っている。

40 結局自分は男なんていなくても大丈夫じゃないか？　と真剣に悩み始めている。

41 疲れることも多いが、やっぱり人が好きである。

42 基本、一匹狼《おおかみ》でつるむのは苦手だが、気の合った仲間のことは一生大切にする。

43 子ども時代からけっこう親を背負って生きてきた。

44 人からはよく相談を持ち込まれる。

45 個性を大事にした生き方がしたい。

46 好きなことには貪欲に取り組んでいく。

47 海外など見知らぬ世界に旅することが好き。

48 ワクワクすること、楽しいことが好きで、それがなかったら生きていけない。

49 自由に生きたいと思う。それを邪魔する奴はとことんやっつける。

50 いろいろあるけどこの人生を楽しんでいる。

さて、そんな武闘派女子のみなさまはとても魅力的な女性であり、さまざまな才能を持っています。しかし、幼少期からあらゆる問題と立ち向かううちにその能力を隠してしまったり、使い方を誤ったりして、自分らしい生き方ができなくなってしまっているのかもしれません。それはまるで誰かの人生を歩んでいるような、誰かのために自分を押し殺し続けているような、右利きなのに左利きで生きるような人生になってしまっていることも。

そんな武闘派女子のみなさまは毎日多忙で、充実した日々を送っていると思いますが、その一方で、自分の面倒をみる時間をあまり取れていないのでは？　と感じています。そこで、一日5分だけでも自分を見つめ直す時間を作ることで、日々をより豊かに、楽しく過ごせるのでは、と考えたのが本書です。

はじめから通して読んでもいいですが、パッと開いたページに「今日の自分に必要なヒントがある！」と思って、常に側においてご活用いただけましたら幸いです。

もくじ

Part1 1日5分、心をほぐす

Part2

1日5分、心をゆるめる

Part3

1日5分、心をととのえる

ブックデザイン　沢田幸平（happeace）
イラストレーション　坂木浩子

Part 1

1日5分、心をほぐす

HOGUSU

「寝起きがしんどい」は黄信号

今朝の目覚めはいかがでしたか？

仕事を詰め込みすぎていたり、思い通りにいかない恋に振り回されていたり、頭の中が忙しすぎたりすると、あまり良い目覚めは得られないもの。

わたしたちは寝ている間に潜在意識を整理しています。**日常の中で抱えたストレスや怒り、不安などのネガティブな感情を処理する時間、それが睡眠**です。

ときどき「寝るとすべて忘れる」という人がいますが、まさにそのとおり。

いやなことがあっても、良質な睡眠がとれれば潜在意識下の**ネガティブな感情**が処理され、スッキリ目覚めることができます。

しかし、あまりに大きなストレスを抱えていたり、ふだんから考えすぎてしまう癖があったりすると、**ネガティブな感情**が膨れ上がって、一回の睡眠では処理しきれないこともありえます。また、睡眠時間が短すぎても**ネガティブ感情**は処理できずに残ってしまいます。

それが「朝起きたときにだるい」という状態です。言ってみれば、感情を処理する潜在意識が、定時で上がれずに深夜残業を申請しているようなもの。

それでも、わたしたちは働きに行かなければ、と無理やり目を覚ますので、潜在意識は前日の仕事を抱えたまま一日を始めます。そうやって残業の埋め合わせがうまくいかないと、休日は丸一日寝て終わってしまう、なんてことも。

こうした生活が続くと「寝起きがいつもしんどい」状態になってしまいます。毎日を憂鬱に感じる前に、睡眠を意識してみてください。

日々の寝起きの心の状態を○△×などで記録してみましょう。

HOGUSU

習慣化は朝にする

自分のことを「面倒くさがり屋でぐうたら」と評しながらも、掃除の行き届いたピカピカの家に住んでいる女性がいます。家事代行を頼んでいるわけでも、家族がマメに掃除をしているわけでもありません。

　彼女は「ぐうたらな自分が家事をちゃんとこなすにはどうしたらいいか？」を考え、面倒くさい家事の多くを朝に**ルーティン化**したのです。

　起きたらベッドメイクをしてコロコロをかける。顔を洗ったあと前日のタオルで洗面台をきれいにする。トイレを済ませたついでに掃除をする。トーストを焼く間に掃除機をかける。朝食後の片づけをしながらキッチン周りを水拭きする、というふうに。

寝起きのまだ頭がボーッとしているときでも、**習慣化されれば自動的に行動できる**ため、意識しなくても、頑張らなくても、出かける際にはピカピカで過ごしやすい家になっている、というわけです。

これはもちろん、ひとつずつ追加しながら**習慣化**できたものです。朝の**ルーティン**を確立することによって、一日を気分よく始められるようになり、集中力も高まって、仕事も私生活も充実するようになる。その効果は非常に大きいものです。

気分よく一日を過ごすためには「朝をどう過ごすか？」にエネルギーを注いでみるのがおすすめです。気持ちのいい朝を実感できるようになってくると「無駄な夜更かし」「深酒」「夜中のおやつ」などもなくなり、何よりも安定的な心が手に入りやすくなるのです。

「朝にこれができたらいいいな」と思う行動をひとつ、習慣化してみましょう。

HOGUSU

今日、どんな夢を見た？

その日見た夢について、夢分析や夢占いをしてみたことはありますか。

あの夢にはどんな意味があったのか？　それとも予知夢？　何かの暗示？　気になると調べたくなりますよね。

夢分析では、その夢の中でどんな感情があったのかを知ることで自分の心の状態をはかることができます。

たとえば、社会人のはずのあなたが学校にいて、「今日は抜き打ちテストだよ」と言われてものすごく焦り、不安でたまらなくなった夢を見たとします。

学生生活を送っているわけではないのに、どうしてそんな夢を見るのか……。不思議ですよね。

そこでそのときに抱いた**感情**に着目してみましょう。

夢の中で「ものすごく焦って、不安になった」ということは、もしかすると日常生活の中で**焦り**や**不安**を感じていることがあるのかもしれません。

その感情にすぐにピンとこなくても、よくよく心を見つめてみると「このままではいけない。きちんと成果を出し続けなければ信頼されなくなってしまう」などと、焦りや不安を抱えていることに気づけるかもしれません。

つまり、**あなた自身が抱えている感情に気づかせるために、理解しやすい環境を潜在意識が描き出したのが「夢」**というわけです。

今日見た夢の中ではどんな感情を抱いていましたか？

HOGUSU

今日は自分を甘やかしてみる

自分に厳しいという自覚はありますか？

「わたしは自分に甘いほうかも。昨日も夜中にカップラーメンを食べてしまったし」という人もいたりします。

でも、「カップラーメンを食べてしまったことをよくないと認識している」人は自分に厳しいほうだといえます。

自分に甘い人はそういう認識もなく、夜中にカップラーメンを食べようが気にも留めないものですから。

自分に厳しい人、さらに厳しすぎる人は、よくないことをしてしまった自分を激しく否定し、自分をいじめてしまいます。

もし自分にしていることをほかの人にしたならば、罪になってしまうかもしれないほどに。

仕事で些細《ささい》なミスをしたとき、人との約束を忘れていたとき、資料作成やレポートの期限を守れなかったときはもちろん、疲れていて一日中家でダラダラと過ごしたとき、衝動買いをしたとき、家族や友人、恋人と喧嘩《けんか》をしたときに、自分を否定し、きつくいじめてしまっていないでしょうか。

そういうときには**「そうせざるを得ない事情があった」**と考えてみませんか？　仕事を頑張っているから疲れて一日中ダラダラしてしまったのだし、ストレスが溜《た》まっているからたくさん買い物をしてしまったわけで、責めるべきではない場合もたくさんあるのですから。

今日はとことん自分を甘やかしてみましょう。ぱっと思いついたことをしてみてください。

HOGUSU

自分のことを一番わかっていないのは自分かも

私は無意識にあちこちのチャックを開けっぱなしにしていることがあり、よくスタッフやお客様から「リュックのチャック、全開ですよ」などと指摘されます。

それはリュックに限らず、たまに、いわゆる〝社会の窓〟も豪快に開け放たれていることも……。もちろんわざとではないのですが、意外と自分では気づかないものです。

心も同じです。「どうしてわたしのことは誰にもわかってもらえないんだろう」と落ち込んだことはないでしょうか？

でもじつは、**自分が自分のことを一番わかっているようで一番わかっていない**のです。

わたしたちは自分なりの基準で**「良い／悪い」「できる／できない」**などを判断しています。けれど客観的に見ると、その基準の多くは厳しすぎる。そのため「自分はこんなこともできないのか」と決めつけていることもあります。

しかも、ちゃんとしなきゃ、と思っている人ほど完璧主義な一面を持っていて、無意識に「仕事ができる人は、つねにミスすることなく結果を出さなければならない」と思い込んでいるフシがあります。しかし、仕事ができる人だってミスをすることはあるし、思っていた成果が出なかったことだってあるでしょう。

わたしはこういう人間だ、と厳しく見ていても、案外まわりの人のほうが「そんなことないよ」と、あなたのことをよくわかっていたりするものです。

ちょっと勇気を出して、まわりの人に「わたしってどういう人に見えてる？」と聞いてみませんか？

HOGUSU

自分リサーチからの自分対策

自分のことを一番わかっていなくても、自分のことをよく知ろうとすることはとても大切です。そのためには、ある程度俯瞰《ふかん》して見る必要があります。

・何かトラブルが起きたときに「もしかしてわたしのせいでは？」と思ってしまう癖があるようだ。
・そんなつもりはなかったけれど、どうやらちょっと天然なところがあるらしい。
・意識していなかったけれど、人よりも仕事を抱え込みやすいようだ。

まわりの声に耳を傾けたり、過去のできごとを客観的に見つめ直したりすると、自分の姿がよりわかってきます。そうすると**自分対策**が練りやすくなります。

問題が起きたとき「わたしがミスをしたかもしれない」と思ってしまう前に「必ずしもそうじゃない」と考え直し、冷静に対処できるようになるでしょう。

初対面の人に「どうやらわたしは少し天然なところがあるみたいなので、もしそうだったら笑ってやってください」と自己紹介をすれば、印象に残りやすくなるでしょう。

仕事を抱え込みやすいことがわかっていれば、誰かの手を借りて、体調を崩すまで無理することも回避できるようになるはず。

自分を知ることは、人生が生きやすくなるだけでなく、自分らしい人生をデザインできるということにもつながります。

▼

あなたがドキュメンタリー番組に密着取材されているところをイメージしてください。そこにはどんな自分が映っていますか？

自己肯定感はスタート地点

皆さんは待ち合わせ場所に行くとき、どうしていますか？

急に東京から大阪へ出張しなければならなくなったとします。

スマホの経路案内で調べると、最寄り駅から東京駅に向かい、そこから〇時発の新幹線に乗って、新大阪駅に到着するのは〇時、という検索結果が出ますよね。

でもそれは、今自分がいる場所がわかっているからこそできること。

現在地がわかっていれば、目的地へのルートを調べてから向かうことができますし、新幹線以外に飛行機や長距離バスといった選択肢も考えることができます。

自己肯定感というのは、今自分がいる場所、現在地を知る手段です。

自己肯定感の状態を知ることで**「自分がしたいこと」「なりたい自分」「成し遂げたい目標」**などに向かって〝自分に合った方法〟を選びながら歩きだせるのです。

投資を始めたいと思っているOさん。けれど数字は苦手だし、株のことはよくわからないからちょっと怖い。そこで、独学で始めるよりも誰かに相談してみよう、という考えにいたりました。

この考えにたどり着くには「数字が苦手」「株はよくわからない」「怖い」というネガティブな要素を否定せず、ありのままの自分を受け入れることが必要不可欠。

そうしてはじめて「そうだ、まずは投資をしている知り合いに相談してみよう」という選択肢を見つけることができるのです。

今の自分の現在地は、どこだと思いますか。

HOGUSU

自分は自分、他人《ひと》は他人

自分軸というのは、自分を軸にして物事を捉えるあり方です。でも、それはけっして自己中心的なわけでも、利己的なわけでもありません。

対する言葉が**他人軸**で、自分よりも他人を優先してしまう状態を言います。

これが時に**自己犠牲**を生んだり、**自己喪失**に陥ったり、相手に振り回される状況を作ったりしてしまうのです。

いつも誰かに振り回されていると感じたときは、まず**自分軸**を意識し、自分に問いかけるところから始めてみてください。

人から言われたことをいったん受け止

め、「あなたはどうしたいの?」と自分の心に聞いてみる。自分の気持ちをたしかめたら、実際にどうするかを主体的に選択していきましょう。

これを逆にして「まず相手、次に自分」とやってしまう人が多いのですが、他人のことはその次の段階。**自分軸を確立していくためにはまず「自分は自分、他人は他人」と線引きをする意識を持ちましょう。**

自分の意志=自分軸で行動を選択していくことができると、地に足が着き、前向きに物事と向き合えるようになります。

つまり、主体的・能動的な生き方ができるようになっていくのです。

関わりのある人をひとりずつ思い浮かべて「自分は自分、その人はその人」と意識してみましょう。

HOGUSU

「自分軸」は自己中じゃない

「人の目を気にする」「じつは人見知り」「面倒見が良すぎる」「誰かの期待に応えてきた」「人に頼る（任せる）のが苦手」。

そういう人に共通するのは、自分よりも他人を優先してしまう**他人軸**であること。

恋人に振り回されているならば「恋人軸」、いつも仕事のことで頭がいっぱいな人は「仕事軸」、いつもお金の問題を抱えている人を「お金軸」、母親の顔色ばかりうかがっている人を「母軸」なんて呼んだりしますが、どれも他人軸の一種です。

他人軸でいると、自分の意志が弱くなり、どうしたいのか？　何を感じているのか？　がわからなくなってしまいます。

思い当たる人はぜひ、**自分軸**を意識しましょう。

自分軸とは他人の間にきちんと線を引き、自分の気持ちを優先してあげること。

それは、自己中心的でも自分勝手なわけでもありません。

まず、自分の心に問いかけて、次に相手のことを考え、そして、お互いにとってどうするのがベストなのかを考える。これが**自分軸**でいるということです。

たとえば、上司から「この仕事をやってくれないか？」と頼まれたとき、**他人軸**（仕事軸）でいると、本当は余裕がないにもかかわらず「承知しました！」と引き受けてしまいます。

しかし、**自分軸**が確立されていると、まずは自分の状況を把握し、もし余裕があるならば引き受けますが、そうでなければ断ることができます。

つまり、**主体的に生きる方法として自分軸は大切なあり方**なのです。

ここ最近の自分の言動で、どこが自分軸だったたか、何が他人軸だったかを振り返ってみましょう。

HOGUSU

「いい人」には「図太さ」が必要？

つねに**いい人**ポジションにいる。何かと我慢しがちで相手に合わせて**他人軸**で生きている。そのような人には、ときに他人の迷惑を顧みないことが必要です。

「人に迷惑をかけてはいけない」とよく言われますが、人に迷惑をかけずに生きていくことなど果たしてできるでしょうか。そして、それは自分らしい人生なのでしょうか。

インドでは「人には迷惑をかけるものだ。だから感謝の気持ちを忘れないようにしなさい」という教えがあるそうですが、そのほうがよほど前向きな生き方ができそうに思えませんか？

夢を追いかけたり、やりたいことをやろうと思ったりすれば、誰かに迷惑をかけてしまうことも少なからず出てきます。

会社を辞めて起業しようと思えば、会社にも家族にも迷惑をかけるかもしれません。でも、それを我慢し続けていればどうなるでしょう？

仕事に身が入らなかったり、体調を崩してしまったり、かえってそのほうが迷惑をかけてしまうことにつながりかねません。

また、相手にとってそれは迷惑なのか？　という点も重要です。

迷惑をかけてしまった、と思っているのは自分だけで、むしろ相手は全然そんなことはなく、応援するつもりで付き合ってくれていた、なんてこともありえる話です。

▼
「やりたいようにやっても大丈夫！」と自分に言い聞かせて。

HOGUSU

短所は長所の裏返し

それでも一般的に「図太い」「こざかしい」人というのは、ちょっと敬遠されがちかもしれませんね。「あざとい」とか「わがまま」な人もしかり。

でも、それはたんに**他人からの評価**にすぎません。

一見、短所に見えることも、裏を返せば長所になるものです。

心理学的に見ると、本当は長所も短所もなく、ただ、その要素が存在しているだけです。それを観察者（自分や他者）が良いか悪いか解釈するだけ。

「図太い」と批判的に言われたら「この人はそういうふうに見るんだ」と思ってしま

えばいいんです。あくまでそう言ってきた相手の解釈にすぎないのですから。

とはいえ「もっと図太くなったほうが楽なのかも」「ちょっとあざといくらいが得をする」という見方もあると思います。ですが、図太くなろうと思ってそうなれるかどうかは、その人のキャラクターや価値観次第。

大事なのは「つねに自分らしくあろう」という意識を持っておくことです。

自分らしくいた結果、それを「こざかしい」と評する人がいるかもしれません。でも、それが自分らしさであれば全く問題ないのです。

「こざかしさ」をネガティブに解釈せず、「賢い。要領がいい。抜け目がなくていい。参謀に向いてる」とポジティブに受け取ってくれる人と付き合うようにしてください。

▼

誰かに否定されても「それはその人の見方にすぎない」と意識することが大事です。

HOGUSU

「自分らしさ」トレーニング

日本人には「和」を大事にし、自己犠牲をもって周りに合わせることを美徳とする特有の傾向があります。もちろん、そこにはすばらしい点もあるのですが、自己犠牲をともなう和を築くには、自分の心が安定し、余裕のある状態が前提です。

和を尊ぶことは、**自分らしさ**を押し殺すということでもあり、心に多大なるストレスを与えることでもあるのです。

ところで、**自分らしさ**と言われるとどんなことが浮かぶでしょうか？

ファッションはわかりやすいですね。仕事、趣味、友達関係などでも、**自分らしさ**は意識できるでしょう。

人に合わせたり、周りからの期待に応えたりするばかりの生き方をしていると、いつしか自己喪失状態になり、自分を見失ってしまいます。

いい人でいるあまり、自分らしさがわからなくなってしまうのは苦しいものです。

そこで、**自分らしさ**を失わないためのトレーニングをご紹介します。

コンビニで「今の自分らしいドリンクはどれだろう？」、書店で「自分らしい本は？」、帰宅時に「自分らしい帰り方は？」と心の中でたずねてみましょう。同じように、自分らしい部屋は？　自分らしい仕事は？　自分らしい働き方は？　という問いかけをしてみてください。答えが思い浮かばなくてもかまいません。

そうやって問いかけることで「これかな？　これじゃないな？」というふうに自分の心を見つめていくトレーニングになります。

▼まずは三週間続けて、自分の中に起こる変化を実感してみて。

HOGUSU

苦手な人は自分の心の中にいる（投影の法則①）

心理学において、とても重要な法則のひとつが**投影**です。**「目にしているものはすべて心の中を映し出したもの」。人間関係を理解する上で非常に役立つ法則です。**

たとえば、上司との関係がいつもうまくいかないAさん。原因をたどっていくと、彼女はもともと父親と険悪だったことがわかりました。

Aさんは上司に父親を重ねてしまっていたため、まるで父親に接するように反抗的な態度を取っていたというのです。

上司との関係がうまくいかない理由はあきらかですね。

このように**「他人への感情は自分の心の中にあるもの」**として捉えると、目に見えることから自分の心の状態を知ることができます。

「なんか最近、まわりの人がイライラしているように見える」と気づいたら「もしかしたら自分が怒っているのかも?」と自分の心を見つめてみてください。「まわりにいい人が多く、それもお節介なほどに面倒見がいい人ばかりだ」と思ったら、「ああ、自分もそういうところがあるかもしれない」と解釈していいのです。

また、苦手な人というのは、自分の中で抑圧している部分を表してくれている人といえます。もし怒りを抑えているならば、怒りっぽい人を苦手だと思うでしょうし、好きなことを我慢しているならば、好きなことを好きなようにやってイキイキしている人に嫌悪感を抱いてしまう。それが**投影の法則**です。

今日会った人を思い返して、自分の心の中を見つめてみましょう。

HOGUSU

初めて会ったような気がしない人（投影の法則②）

初めて会った人に「なんとなく友達のAちゃんに似ている」と感じたり、異動先の部署の先輩を「なんか元カレに似ていていやだ」と思ったりしたことはありませんか。

そう思うのは、これまでに出会ってきた人を自然と**投影**しているから。他人に対して無意識にフィルターをかけてしまっているともいえます。


たとえば、前に付き合っていた恋人がお金にだらしなく、仕事もコロコロと変える人で、とても苦労したとしましょう。

その恋人と別れ、次の恋人と「今度こそ幸せになるぞ」と思っていても、なんとなく相手の言動が気になってしまいます。

一緒に食事に行ったときに「ごめん！　銀行でお金をおろしてくるのを忘れた！　あとで払うから、ここは出してくれない？」と言われ、かつての傷が疼《うず》いてしまう。また、恋人が「今の会社に先が見えなくて、辞めることも考えている」と言いだしたら不安になってしまう。

そんなふうに**「今目の前にいる人」に対して不安になったりするのは、過去のできごとを投影しているから**なのです。

まずはそのことに気づき、いやいや、この人と前の人は違うから！　と自分に教えてあげる必要があります。

もちろん、その逆も起こりえます。

恋人があなたに昔の恋人を**投影**してくるかもしれません。そういう場合はきちんと「それは本当にわたしのこと？」と優しく諭してあげてください。

友人、同僚など、今親しくしている人に誰かを投影していませんか？

HOGUSU

じつはそれ、「思い込み」かも

思い込みや観念は別名「自分ルール」ともいいます。

「こうあるべき／こうすべき」（義務）、「ああしてはいけない／ああすべきでない」（禁止）、「○○は△△である」（定義）という、人生を束縛する心理的な鎖です。

こうした思い込みは数千〜数万あるとされていて、そのうちの何割かが人生を狂わせる可能性のある、**間違った思い込み**と言われています。

それは**「心の痛み」＝「もう二度とそんな痛い思いはしたくない」**という思いから**生まれるものと、誰かからの刷り込みによって存在する**ようになったものです。

物心ついた頃から「お金は怖いもの」と何百回も聞かされていれば、お金についてよく知らないときから「お金は怖い」と思い込むようになり、その怖《おそ》れに縛られてしまいます。

すると、お金が貯まらない。お金を使いすぎてしまう。貯める以外にお金の使い方がわからない。といった問題を抱えてしまいかねません。

また、「仲の良かった友達に裏切られた」という心の痛みから「人を信じると裏切られる」という**思い込み**を生み出し、人に心を開けなくなってしまうことも。

そうした**間違った思い込み**を認識し、鎖を外していくことが、心にとって重要になります。

まずは、自分がどんな**思い込み**にとらわれているか、確認してみましょう。

次のページで「○○でなければならない」「○○してはいけない」をチェックしてみましょう。

HOGUSU

「思い込み」チェックリスト

次の○○に当てはまる言葉をそれぞれ10個以上書き出してみてください。

そして、そのリストを眺めながら「いつから」「誰の影響で」その思い込みを持つようになったのかを探ってみましょう。

(1) 仕事とは?

A. 仕事とは○○である。

B. 仕事では○○しなければならない。

C. 仕事では○○してはいけない。

(2) 男（もしくは女）とは?

A. 男とは○○である。

B. 男は○○しなければならない。

C. 男は○○してはならない。

（3）結婚とは？
A．結婚とは○○である。
B．結婚したら○○しなければならない。
C．結婚したら○○してはならない。

同様に「親とは」「恋愛とは」「社会人とは」など、今あなたが抱えている問題について**思い込み**を探してみてもいいかもしれません。

このような**思い込みに気づいておくことがまずは大切**です。

それだけでもいいですが、その**思い込み**は果たして本当なのか？　その思い込みは自分を幸せにしているのか？　を検討していくと、**思い込み**を手放しやすくなるでしょう。

HOGUSU

「思い込み」は気づくだけで70%は解決する

間違った**思い込み**を認識すると「そうではない」と否定し、思い直そうとします。たとえば「お金が怖い」という思い込みを「お金は怖くない」と思うことでなくそうとするのです。

しかし、その方法はいつも効果的というわけではありません。むしろ「怖くない」と思うことによって余計に怖くなってしまう……。お化け屋敷やホラー映画などで経験したことはないでしょうか。

思い込みに気づいたら、まずはそれを**肯定**することから始めてみましょう。「そうか。わたしはお金が怖いと思っているんだ」と、ただ**肯定**し、受け入れる。いけないことだと思う必要もなければ、早く何とかしなければ、と焦る必要もありません。**「気づくだけで70％は解決する」**カウンセリングの世界ではこう言われています。

そんなふうに**肯定**して、受け入れることができたら、次は**理解**です。

この**理解**も「怖いものには触れたくない。だからお金のことを考えないようにして、お金を遠ざけようとしてしまうんだ」「親もお金を怖がっていた。だから、自分も同じように思うようになったのか」などいろいろあります。

理解まで来ると行動を変えることができます。

「それなら、お金のことをちゃんと勉強してみよう。それで本当に怖いものなのか検証してみよう」というふうに。

▼ **まずは思い込みを「肯定」する練習から。**

HOGUSU

「またやってしまった」を許してあげる

思い込みを肯定〜受容〜理解するまでのプロセスを**許し**と言います。

思い込みから自分を責めることをやめ、寛容な姿勢を取れるようになると、まず心が安定し、余裕が出てきます（言い換えれば、わたしたちはそれくらい自分を責めることに時間とエネルギーを割いているのです）。

そうした自分に対するあり方は他人にも**投影**されるため、余裕をもって他人との関係を築くことができるようになります。

他人に対して寛容に振舞えると、余裕を感じ、安心感があり、信頼できる魅力的な人に見えます。

逆に言えば、自分に厳しく、自分を責めてばかりいる人は、表面上は他人に優しく振舞えますが、それは最初だけ。距離が縮まれば本領を発揮し、自分と同じように他人を責めてしまいがちです。

人間関係がうまくいかないという人は、自分に対する否定が強いかもしれません。

自分を許すことが上手になれば、人間関係もうまくいきやすくなるでしょう。

その一歩目は、**否定**ではなく**肯定**。

つい自分を否定してしまったときも「またやってしまった」と否定した自分を許すところから始めるのがコツです。

自分を責めてしまったことを思い浮かべて、そのときの自分を許すところから練習してみましょう。

HOGUSU

会社に行くのがつらいとき、憂鬱なときには

「会社に行くのがつらい。仕事したくない」

そう思うこともありますよね。ですが、敢《あ》えて考えてみましょう。なぜつらいのに仕事をしに行かなければならないのか。

「生活のため」「社会人としての義務」「家族を養うため」「働かざる者食うべからず」「必要とされているから」などさまざまな理由があると思います。

そこでまず言えるのは「つらい思いをしてまでも会社へ行くあなたは偉い！」ということ。そう思い込んじゃってください。

実際、あなたは家族のため、会社や同僚のため、そして、ほかならぬ自分のために頑張っている。それは本当に褒められるべ

きことです。

次に言えることは、「仕事は苦しいもの」「仕事は我慢してやるもの」という**思い込み**を持っていませんか、ということ（＊46ページ参照）。

つまり、もしかしたら自分にとって楽しい仕事、好きな仕事、ではないのかもしれません。では、どんな仕事がしたいのかを考えてみるといいでしょう。

最後に考えてほしいのは**「自分がしたいことは何か？」**。
別にそれが仕事でなくてもかまいません。趣味や大好きな推し、将来の夢のためのお金を稼ぐ。理由を変えてみると、働くことにも感謝できるかもしれません。
それをふまえたうえで**「今日はサボってもOK！　頑張らなくてもOK！」**と許可を出してあげてください。少し気を楽にして仕事に向かえるでしょう。

▼
会社に行きたくないと思った日に、「今日は頑張らなくてOK」と10回声に出して言ってみて。

HOGUSU

比較・競争・嫉妬のトラップ

「わたしは変じゃないかな？　浮いていないかな？」何かをする際にどうしてもまわりの目を気にしてしまう。日本人に多くみられる特徴です。

また、まわりと自分を**比較**することが多いため「あの人に比べて自分はマシだ」「みんなに比べて自分はちゃんとしていない」などと思ってしまいます。

それは慰みであり、自己否定でもあるため心苦しいものです。また、そうやって輪の中で浮いた存在にならないように気を遣うため、すごく疲れてしまいます。

こうした**比較**は家庭や学校で培われることが多く、そこから他人への**嫉妬**や、誰かとの**競争**が派生するようになります。

競争は「あの人も頑張っているんだから自分も頑張ろう！」と励みになるようなポジティブなものもありますが、誰かを蹴落とそうとしたり、マウントを取ったりして自分を優位に持っていこうとするネガティブなものもあります。

嫉妬というのは認めるのもいやなほど惨めなものなので、あまり人はそれを認めようとしません。しかし、それが誰かの悪口を言うことになったり、足を引っ張ることにもなったりして、やはり苦しいのです。

つまり、人間関係において**ネガティブな感情**があるときは、**比較、競争、嫉妬**のトラップに掛かっていると捉えたほうがよさそうです。

今、誰と比較・競争をしていますか？　誰に嫉妬していますか？

HOGUSU

マウントを取る心理、取られる心理

上から目線で決めつけてきたり、批判してきたりして自分の優位性をアピールすること＝「マウントを取る」。取られる側の気分はあまりよくないですが、なぜそんなことが起きてしまうのでしょう？

これは**競争心**がカギを握ります。あの人に負けたくない、という思いが「自分のほうが上だ」という態度に出るのです。

この競争心、じつは自己肯定感の低さから生まれてくるもの。自信があるように見える人ほど**自己肯定感**が低く、背伸びして自分を良く見せることがよくあります。

たとえば、いつも何かと張り合ってマウントを取ってくる先輩。意識して見ると、人付き合いがあまりうまくなく、誰とでもフレンドリーに話せるあなたに**嫉妬**していた、なんていうことも。

マウントを取られる側も「運が悪かった」で終わることもありますが、あちこちで同じような目に遭っている場合は、自分の中にも何か原因があると思ったほうが賢明です。自分の価値や魅力を全くわかっていなければ、その態度が謙虚さを通り越していやみな態度になってしまっているかもしれません。

自分に**嫉妬**されるような魅力があるなんて、なかなか受け入れ難いかもしれません。でももし、**嫉妬**されたり、マウントを取られたりしたときにはそういった部分があると気づくきっかけにしてみてください。

自分軸を意識することで、マウントを取られても影響を受けず、また自分がマウントを取ることもやめられます。

HOGUSU

人間関係の基礎

仕事、恋愛、結婚、家族、生き方の問題を探っていくと、ほとんどはこの三つのいずれかが原因といえます。

①　親……あらゆる価値観や考え方、行動をインストールします。人間関係の土台となる親の存在は、あらゆる問題の背景にあるといえます。

②　きょうだい……親の愛情を受けるためのライバル。家族であり競争相手でもあるため、親よりも複雑な問題を抱えることもあります。

③　思春期の人間関係……おもに学校での友人関係。家族から自立し、自分で人間関係を構築する経験は、大人になっ

てからも強い影響を残します。

たとえば、いつもひとりで抱え込みすぎて疲れてしまう、という問題を探ると、子どもの頃から両親の愚痴を聞いたり、きょうだいの面倒を見たりしてきた、という背景が浮かび上がってきます。家族のために頑張ってきたことが、ひとりで仕事を抱え込むという問題につながっているとも取れます。

とすれば、そんな子ども時代の自分をもっと認めてあげると同時に「大人になった今はそんなに抱え込まなくても大丈夫！」と教えてあげることで負のパターンから脱却できるのです。

そんなふうに**「何が原因でその問題が起きているのか？」を考え、そこで浮かび上がってきた関係性を見つめ直すことで「今」をより良く変えられる**のです。

▼

今あなたが抱えている問題が①②③とどうつながっているかを考えてみましょう。

HOGUSU

親の影響は想像以上に大きい

仮に今、経済的、精神的に自立を果たしていたとしても、あなたの中には親との間で培われたさまざまな価値観や考え方、行動パターンなどが影響を残しています。

もちろん、良い影響もたくさんありますが、今抱えている問題を掘り下げていくと、何十年も前の親子関係がその根幹にあることもめずらしくありません。

ふだん日本語を話しているのと同様に、所作や物事の考え方、価値観などは、親から無条件にインストールされています。


もし母親が「お父さんと結婚なんてするんじゃなかった」と愚痴を言っていたら、あなたが持つ結婚のイメージは良くないものになり、場合によっては「婚活を頑張ってるのに全然うまくいかない」という現実につながっていたりします。

もし親が毎月経済的にギリギリの生活をしていて、時には借金取りがやってくる環境に育ったならば「安定した収入を得られる会社員や公務員」という立場から抜けられないかもしれません。本当は独立してやりたいことがあっても、親がお金に困っている様子から、ブレーキを踏んでしまうこともありえるのです。

ほかにも、さまざまな点で親からの影響を受けているといえます。**何か問題があるときは、改めて親子関係を見つめ直してみる**といいでしょう。そして、わだかまりがあればそれを解消してあげることで、その問題を徐々に軽くしていくことができます。

あなたにはどんな価値観や考え方、生き方が影響されていると思いますか？

HOGUSU

自信＝経験×自己肯定感

今の自分にどれぐらい自信を感じていますか。

自信というのは「自分を信じる」と書きます。自信がないということは、その自分を信じられないということ。

仕事には自信があるけれど、恋愛には自信がない。黙々と作業するのは自信があるけれど、人とのコミュニケーションにはあまり自信がない。思い当たるフシはありますか？

自信とは**経験×自己肯定感**という掛け算で表されると考えています。

つまり、経験があっても、自分のことを認めていなければ自信はつきませんし、**自**

己肯定感が高くても、経験のないことに自信は持てないものです。**自分に自信を持つためには、経験を積み重ねることと同時に、自分をいかに肯定し、受容し、承認してあげるか**が大事なのです。

実際、すばらしい実績を残していたり、誰もが認める魅力を持っていながらも、「全然たいしたことありません」と、自分を全否定しているために自信が持てない方がいらっしゃいます。

しかし、「自信を持つために、もっともっと自分のことを認めてあげましょう！」とうながすと、自分の見方が変わった分だけどんどん自信をつけられるようになっていきます。

そうして**自己肯定感**が高まっていくと**漠然とした自信**というものが手に入るようになり、何に対しても堂々と向き合えるようになっていけるのです。

自分がしてきた経験に対して「すごい！　偉い！　よく頑張った！」という言葉をかけてあげましょう。

HOGUSU

問題解決のカギは「感情」

問題を解決する上でカギを握るのは、内側にある**感情**です。表面上の問題を何とかクリアしても、傷ついた**感情**がそのままであれば、また似たような問題を起こしてしまうでしょう。

Yさんは学生時代に親友だと思っていた相手から裏切られ、ひどく傷つき、それ以来、人間不信に陥ってしまいました。

しばらくはひとりっきりで何でもこなしていたのですが、やはり寂しい、誰かとつながりを感じたい、と思うようになりました。

そこで、人の集まりに参加したり、できるだけ明るく振舞ったりしているうちに、親しい友人が何人かできました。けれど、心を開いて付き合える人は現れず、なぜか親密になるにつれ距離を置くようになったのです。

端から見るかぎり、その頃のYさんが人間関係の悩みを抱えていたとは、おそらく誰も気づかなかったでしょう。つまり、表面上はうまくやっていたのです。けれどYさんの内側には裏切られた痛みや不信感、寂しさが残っていたために、心を開いて人とつながることがとても怖かったのです。

もし、うまくいかないことがあるのであれば、過去に自分が体験したトラウマ（心の傷）がまだ生々しく残っていると考えられます。その傷ついた**感情**を癒していくことで「今」をより良く変えられるようになるのです。

同じ問題が繰り返し起きているならば、そこにある「感情」に注目してみましょう。

HOGUSU

考えすぎる人の頭の中

「いつも考えすぎてしまう」「ぐるぐる同じことばかりを考えてしまう」「何かと考えてしまう癖がある」といった悩みは多くの人が持っています。

そのほとんどは人間関係の問題で、不安や怖れからあれこれと考え続け、それを止めることができずにいるのです。

では、そのとき何を考えているか、というと、状況を客観的に捉えさまざまなデータや理論を駆使し、その問題を解決する道筋を導き出して……はいません。

実際はその状況を思い浮かべて「なぜこうなったんだろう？」と嘆き、「これからもっとひどくなったらどうしよう？」と不安になり、「自分はダメな奴だ」と否定し、「どうしたらもっとよくなるのだろう?」と考えています。けれど、答えは得られない。そしてまた、なぜこうなった……と繰り返しているのです。

それは「考える」というより、「思い悩む」といったほうがぴったりくるのかもしれません。そうなると、現実と空想の区別がつかなくなったり、感情と論理的思考がごっちゃになって、どんどん混乱していってしまいます。

また、**このときの「考える」は、実際の感情から目を逸《そ》らすため**でもあります。頭の中がぐちゃぐちゃになるほど考えてしまうときは、信頼できる人の手を借りてその感情と向き合う機会を作りましょう。考えが整理でき、ずっと前向きになれます。

考え事は頭の中ではなく、ノートやスマホのメモに書き出すと混乱しなくて済むようになります。

HOGUSU

モチベーションは「欲《ニーズ》」から

欲《ニーズ》はとても大切なものです。

人によってはそれを悪と捉え、**欲**からの解放を目指す向きもありますが、**欲**がモチベーションを作るとも考えられます。

「美しくなってモテたい！」からダイエットや筋トレを頑張る。

「お金に余裕のある生活をしたい！」からビジネススキルを磨く。

「きれいだと思われたい！」からファッションやメイクを勉強する。

もちろん、それだけがモチベーションになるわけではありませんが、物事をスタートし、継続する上で**欲**はとても大切です。

しかし、子どもの頃は「ご飯よりお菓子が食べたい」「勉強よりゲームがしたい」という**欲**がかなわないほうが多かったのではないでしょうか。

大人になった今は、そういった**欲**が子どもながらの無茶なものだったとわかります。でも、欲を制御されすぎてしまうと、手のかからない**いい子**になる一方で、自分の**欲**がわからなくなってしまうなんてことも。

また、「周りの人が自分に期待しているもの」を「自分が欲しいもの」と捉えている人もいます。たとえば「いい学校に入って、一部上場企業に就職してほしい」という家族や周囲からの期待を、「自分がしたいこと」と思い込んでしまう。そのようなケースが、昨今とても増えているように思います。

「やりたいことがわからない」という人はまず、「今、何が食べたい？　何が飲みたい？」と、簡単なことでも自分に聞くことから始めてみてください。

▼ **その際、「何でもいい」という答えはＮＧです。**

HOGUSU

心理学的男性性

心理学においては、男性性と女性性という概念があります。どちらもわたしたちの心に存在していて、その割合は人によって異なります。

男性性とは、一般的に思春期、精神的に自立する頃から成長し始めるものです。

決断力、実行力、行動力、力強さ、忍耐力、論理的思考、結果主義、与える、自立心、社会性、規律に従う、賢さ、整える、意味を見る、精神論、頑張る、情報収集、（理論的）コミュニケーション、分析力、目標設定、目標達成、意志の力、未来志向、直観力、安定、職人気質などを指しているものです。

これらは、自分の関心が「家」から「社会」に移っていく際に培われるもの。つまり、「ひとりで生きていく」ために必要なものなのです。

しかし、家庭環境などによりその意識が強すぎると、他人に頼れずひとりで抱え込んでしまったり、思考的すぎて人の気持ちがわからなくなったり、人間関係がうまく築けず孤立してしまったりという、自立しすぎ問題が出てきます。

一方、男性性がうまく育たなくても、さまざまな問題があります。

仕事がうまく身につかずに転職を繰り返したり、物事をなかなか決められなかったり、人の好意を受け取れなかったり、依存的になり人間関係でトラブルを起こしたり、意志が弱く何事も続けられなかったり。

男性性を育てるには、継続的に何かひとつのことに取り組むこと、目標を設定し、それを達成するプロセスを繰り返すこと、たくさんの知識を身につけ、自分なりにそれを整理していくことなどが挙げられます。

HOGUSU

心理学的女性性

女性性は、幼少期より自然に備わっているものです。

美しさ、柔らかさ、かわいらしさ、感性、感受性、受容力、母性、包容力、直感、安らぎ、安心感、つながり、（感情の）コミュニケーション、プロセス主義、受け取る、依存心、自由、過去、感情、慈愛、育む、緩さ、流れに乗る、相手に合わせる、芸術家肌、素直さなどを指します。

思春期以降は男性性が成長するため、そのバランス感覚が非常に重要になります。たとえば、親からあまり目をかけられなかった場合、早くに自立し、男性性が優位になるため、女性性が抑圧されます。そうすると思考的で、ひとりで何でもこなすようになる一方、人とのつながりが感じられず、楽しみや喜びがわからなくなりがちです。

逆に、親がしっかりしすぎている場合は、女性性が豊かに育つ反面、男性性があまり育ちません。そうなると、社会において自信が持てず、いつまでも親離れができないケースが多くなります。

女性性を解放するには「考えるな、《ドントシンク、》感じろ《フィール》」というフレーズを意識することが求められます。

映画やドラマ、小説に親しむ、芸術作品を鑑賞する、予定を決めずに行動する、家に花を飾り、観葉植物を育てる、オシャレをする、人の話をよく聴く、といった「感情を感じる」「感覚に委ねる」ことが役立ちます。「今の自分の気持ちに素直になる」という意識で過ごすことは特に大切です。

男性性と女性性のバランスが整ってくると生きやすくなり、楽しいこと、面白いことが増えてきて人生を充実させることができるのです。

HOGUSU

自信をつけるための シンプルな習慣

自信をつける方法はたくさんあると思いますが、その中でもシンプルなものをひとつご紹介します。それは**「自分との約束を守る」**というもの。

自分で「こうするぞ！」と決めて、実行する。それを繰り返していくと、だんだん自分のことを信じられるようになります。

これは、他人を信頼するときと同じ。約束を守ってくれる人のことは信頼できるけれど、逆に嘘をついたり、いい加減な態度を取ったりする人のことはあまり信頼できませんよね。

この「こうするぞ！」という自分との約束は、できるだけシンプルかつ毎日できるようなことにしてみましょう。ハードルを高く設定すると疲れてしまい、1、2回はできても、だんだんとやる気がなくなってしまいます。

また、**すでに習慣になっていることにプラスする**と継続しやすくなります。たとえば毎朝、顔を洗ったあとに「洗面台をタオルで拭いてきれいにする」ということを新しく始めてみる。そうすると**習慣化**しやすくなります。

これはあなたが**「やったほうがいいと思っているけれど、できていないこと」**を選ぶといいかもしれません。

「家に帰ったら靴を揃《そろ》えて脱ぐ」「寝る前の一時間はスマホを見ない」「お風呂上がりにストレッチをする」などなど。これを自分と約束して継続することで「自分のことは信頼できる」という感覚を手に入れられるのです。

▼
どんなことに取り組むかを具体的に決めて、それを続けてみましょう！

HOGUSU

「今」を楽しむ 「今」を生きる

わたしたちは「今」にしか生きられません。けれど、つい過去のことを思い出しては考え、そこから未来に意識を飛ばして不安になったり、考え込んだりします。

今日、朝食をとりながら何を思っていましたか？　食事に意識を向けていましたか？　それとも今日これからの予定を考えていませんでしたか？

いい悪いは別として、後者だと「今」を生きている、とは言い難いのです。

以前、「目隠しをしてフレンチのフルコースを食べる」というイベントに参加しました。フォークとナイフの感覚だけで料理を口に運ぶと「これはニンジンだ、すごく甘い」「噛《か》むほどに肉の味が濃くなっていく」と、いつも以上に食事に集中できたのです。ふだんから味わって食事をしていたつもりですが、全く違う感覚でした。大げさですが、今を楽しむ、とはこういうことなんだと実感したものです。

もちろん、先のことを考えて行動することが必要な場面もあります。でも、「今」に意識を向けることは、ふだんから大切にしたい習慣です。

忙しい日々を過ごした後は「あっという間に時間が過ぎ去った」という感覚がすると思います。それは、スケジュールに追われ、先々のことを考えながら動いていたため、今を生きてるようで生きていなかったからでしょう。

今を生きるために意識したいのは感情です。「わたしは今どんな気分なんだろう？」と気にかけてみてください。

「今」「この瞬間」にしか存在していない感情を味わってみてください。

Part 2

1日5分、心をゆるめる

YURUMERU

苦手な人は何を意味するのか？①

苦手な人を思い浮かべてみてください。すぐ怒る人。何を考えているかわからない人。嘘つき。不潔な人。上から目線な人。自慢話をする人。干渉してくる人。正論ばかり言う人。

ふつうは「その人が悪い」と思うものですし、そう考えて差し支えない人間関係もあります。でも、相手があなたと関わりが深く、重要な関係性にあるようでしたら、考え方を改めることをおすすめします。

あなたが苦手な人の持つそうした要素、じつは、あなた自身が持っていて、かつ、許していない要素なのです。

心理学用語では**シャドウ（影）**と言いま

す。生きられなかったもうひとりの自分、という意味です。

たとえば、あなたが子どもの頃から「ちゃんとしなさい」と言われて育ってきたならば、いい加減な自分でいることができません。けれど、そんなあなたの前に、ヘラヘラしたいい加減な人が現れたら……。あなたはその人のことを苦手だ、嫌いだと感じるでしょう。自分がいい加減さを嫌っていて、隠しているからです。

つまり、**自分が嫌って隠している要素をその人に投影しているために苦手に思う**のです。

あなたが苦手な人は、あなたが隠しているものを教えてくれる人かもしれません。それは、**その要素とちゃんと向き合いなさい、というサイン**でもあります。

あなたが苦手な人が自分の中のどんな部分を見せてくれるか、意識してみてください。

YURUMERU

苦手な人は何を意味するのか？②

「苦手な人」にはもうひとつのパターンがあります。

職場で苦手な先輩がいるとします。話し方も仕草もなんかいやだな、と思っていたら、学生時代の嫌いな先生にそっくりだったことに気づいた……。なんとなく想像できるのではないでしょうか。

それは、**かつていやな思いをした相手を投影しているる**というものです。

この場合、**投影**しているのは、性格や雰囲気が似ているだけではありません。

じつは、立場によっても投影が起こりやすいのです。

上司や社長という立場は会社の中で権威

を持った存在です。では、あなたが生まれ育った家庭で権威を持っていたのは誰でしょう？

もし、それが父親だとするならば、あなたは上司に父親を**投影**しやすくなります。性格や見た目が全く違っていたとしても。

ちなみに職場のまとめ役や調整役の人には母親を、先輩には兄姉を、後輩には弟妹を**投影**しやすい傾向があります（あくまで傾向なので異なるケースもたくさん存在します）。

「なぜこの人とうまくいかないのか？」と思ったときには「この人に似た雰囲気の人といえば誰だろう？」と考えてみてください。当てはまる人との関係を見つめ直すと、その苦手な人との関係も改善していくものです。

▼ **苦手な人に誰を投影しているかを考えてみましょう。**

YURUMERU

苦手な人との付き合い方

苦手な人とは「自分の中に禁止している要素を見せてくれている」または「かつていやな思いをした相手に似ている」人のこと。つまり、あなた自身の内面を**投影**しているに過ぎません。

そのため「いや、この人は父親ではない！」「よし、もっと自由に振舞うことを許可してあげよう」と意識を変えていくと、苦手だった人が別人に変わったようになることがあります（自分が変わったから相手も変わったのですね）。

ただ、このアプローチは自分の内面を見つめ、変えていくことになるため、かなりのエネルギーを消費します。

できれば、**近しい間柄で長時間一緒に過ごす相手（パートナー、家族、職場の同僚等）**に限ったほうがよいでしょう。

月に一度しか会わない取引先の担当者に対してそこまでエネルギーを割くのは、ちょっともったいないような気がしませんか？

だから、関係がそれほど親密ではない相手の場合は「距離を置いてビジネスライクに付き合う」「担当を替わってもらう」「誰かに間に入ってもらって1対1で接しないようにする」といった対処法でもかまわないと思います。

苦手だからとその本質を見つめなければ、ひとりを切ってもまた新たに苦手な人が登場します。その場合は腹をくくって、誰の何を**投影**しているかを見極め、自分と向き合うようにしてみてください。

苦手な人に対してどう関わるか、まずは自分自身で決めてみましょう。

YURUMERU

他者があなたを攻撃する一番の理由

上司がやたら批判的なことを言ってくる。友人が何かとマウントを取ってきて疲れる。母親がいやみばかり言うから話をするのがいやになる。同僚が最近、自分の悪口を言いふらしているらしい……。

どれも気分がよくありませんが、こうしたできごとには日常のそこかしこで出合うもの。「何かしたならわかるけれど、何もしていないのにどうしてこんな目に遭わなきゃいけないの？」と、相手のことを嫌いになってしまうかもしれません。

そういう根拠がわからない、理不尽な形で攻撃を受けた場合は、真っ先に**嫉妬され**

ていると思ってください。なぜ？と思われるかもしれませんが、自分ではわからない基準で相手が嫉妬していることも多く、また、相手も自分がそうだとは気づいていないこともあるのです。

上司が部下に、先輩が後輩に、母が娘に、友人同士で嫉妬することもよくある話です。

嫉妬というのは「羨ましい」という気持ちに劣等感や無価値感、競争心などのネガティブな感情が交じって生まれるものです。**嫉妬**していること自体が惨めな気持ちになるため、自立している人ほど認めたがらないものなのです。

また、**嫉妬**される側も相手が自分のどこに価値や魅力を感じているのかがわからないため、なかなか気づきにくいのです。

▼ **嫉妬されるということは、相手はあなたに魅力を感じているということ。**

YURUMERU

スルー技術の身につけ方

他人の言葉や態度を真に受けてしまう。

あなたはどうでしょうか？

冷静に考えれば「あの言葉にそんな深い意味はない」とわかるのですが、心は動揺したままです。

だからといって「気にするのはやめよう」と思っても、余計に気になってしまいますよね。


では、どうしたらスルーできるようになるか。ここでも**自分軸**が重要になります。

その人の言葉を真に受けてしまうということは、心理的に少し近づきすぎていると言えます。敢えてその人から一歩距離を取るイメージを思い描いてみましょう。

それから「わたしはわたし、あの人はあの人」と何度も唱え、あの人との間に線引きをするイメージを強く持ちます。

相手の言葉や態度というよりも、心理的な距離や、自分が**他人軸**になっていることが「真に受けてしまう」原因なのです。

ふだんから**自分軸**を確立できていれば、他人の言動に左右されることはあまりありません。

「自分はどうしたいのか？」「自分は今、こんな気持ちだ」というふうに「自分」を主語にすることを意識していきましょう。

そうすると他人から影響されることが減少し、いわゆる「スルー技術」が確立されていくようになるのです。

同僚や友人、家族など関わりの深い人との距離を改めて意識し、必要ならば少し距離を取ってみましょう。

YURUMERU

「人に心を開く」とは？

なかなか他人と打ち解けることができなかったり、人見知りをしてしまったりする人にとって**「人に心を開く」**というのはハードルが高いですよね。

あの人のように、誰とでもすぐに仲良くなれたらいいのに。そう思っても、恥ずかしかったり、他人が怖かったり、**自己肯定感**が低かったりしてうまくいかず、気に病むこともあるかもしれません。

では、**人に心を開く**とはどういうことなのでしょう？

心というのは**感情**であり**気持ち**のことを指します。**心を開くとは、自分の気持ちを素直に出せるということ。**

そのためには、自分の気持ちを否定したり、嫌悪したり、恥ずかしがったりせず、感じたままに表現することが必要です。

他人とすぐに打ち解けられる人を観察してみてください。表情にしても言葉にしても、感情表現が豊かなことに気づくと思います。

自分の気持ちを熟考せず、そのまま表現することを意識すれば、他人に心を開けるようになっていきます。

怖ければ怖いと言い、恥ずかしいときは恥ずかしいと言って大丈夫です。

「こんなことで恥ずかしがっているなんて」と思う必要もありません。恥ずかしいものは恥ずかしい、それでいいのです。

まずは自分に対して心を開くことを意識してみましょう。

YURUMERU

感情はウンコと同じである

感情は、自分の意志と関係なく湧き上がってくるものです。

こんなところで泣いてはいけないとわかっていても涙が出てきたり、些細なことで怒ってしまったりすることもあるでしょう。

感情はコントロールできるものではありません。晴れてほしい週末に雨が降ることがあるように、**感情**も自分の思い通りにはできないのです。

会議中、または電車の中で「なんでこんなときに……」と急な便意に冷や汗をかき、必死にトイレを探した経験はありませんか。それと同じです。

そうなる前に、また、そんなことになったとしても**感情**を吐き出す場をきちんと用意してあげてください。

しかし、現代では多くの人が「感情が便秘」になっています。

もともと我慢しがちな人はもちろんですが、**いい人**をやってしまう人、「ノー」と言えない人、周りの空気を読んでしまう人、すなわち、**他人軸**で生きている人は感情を吐き出すことができずどんどん溜め込んでしまうのです。

では、感情を吐き出すトイレに当たる場所って何だと思いますか？

カウンセリングもそのひとつですが、気の置けない友人や家族もそれに値します。

私が推奨しているのは、今感じている気持ちをありのままに吐き出せるノートを作ること。これを「**御恨《おうら》み帳**」と名づけています。**自分の気持ちをノートに書き出すことで便秘が解消したときのようにすっきりできる**のです。

▼

今の気持ちをただノートに書き出すだけ。うまくできなくても続けてみると効果が実感できます。

YURUMERU

「しなければならない」ことは「したくない」こと

やりたいことをやっているとき、あなたは「〜しなければならない」という表現をするでしょうか？

「来週はハワイ旅行に出かけなきゃならない」「今日は恋人とデートしなきゃいけない」とはあまり言わないでしょう（照れ隠しでそう表現することはあれど）。

でも、思い返してみてください。「会議に行かなければならない」「先方に謝罪しなければならない」「明日までにレポートを仕上げなければならない」と言うときは気分的に乗らない、すなわち**したくない**と思っているのではないでしょうか？

これは**思考**で**感情**を抑え込む瞬間を表しています。

特に、**思考的に生きている人は「どうしたいか」という気持ちよりも「どうすべきか」という考えを優先しているため、日ごろから感情を溜め込むことが癖になっています。**

すると、知らず知らずのうちにストレスが溜まってイライラしたり、不調になったりすることが多くなることも。

とはいえ、したくないからしなくていい、というわけではありません。

ただ、「自分の気持ちを抑え込んでいる」ことを自覚してみてください。「さっきは自分の気持ちを我慢したから、今度は自分の気持ちに従ってみる」という時間を作ることで、メンタルヘルスにつながるのです。

ただし、「しなければならない」は意欲を高め、自分にハッパをかけるために使われることもあります。

YURUMERU

禁止されると したくなる法則

「絶対に後ろを振り向かないように」と言われると、背後がすごく気になったりしないでしょうか。

「○○しないように」と言われると「○○したくなる」のが、わたしたちの心理です。

絶対遅刻しないように気をつけていたのに、やっぱり遅刻してしまった。

忘れ物をしないようにきちんと確認したはずが、肝心なものを忘れてしまった。

いつもすぐ怒ってしまうから怒らないように気をつけていたのに……。

みんなに迷惑をかけるから、ミスをしないように頑張っていたのに……。

「〇〇しないように」は**「〇〇するように」**と**心で変換される**のです。だから、ミスしてはいけないと自分を戒めても、心理的にはあまり効果はありません。

もちろんそれは人間関係にも当てはまります。

人から嫌われないように気を遣うと、人から嫌われたように感じやすくなる。期待に応えなければと思っていると、期待を裏切るようなことをしてしまう。人に迷惑をかけてはいけないと思っていると、結果的に迷惑をかけることになってしまう。

そこで、**禁止**を使うのではなく、**許し**を自分に与えてみましょう。

「今回は遅刻してもしょうがなかった」「ミスすることは誰にでもある」「人から嫌われることだってあるよね」というように。そうやって自分に対して寛容になればなるほど、人からも寛容に扱われるようになります。

▼

自分の中で「してはいけない」と禁止していることを「許し」に置き換えてみましょう。

YURUMERU

「無害者」になる

加害者意識と被害者意識。心理学的にはどちらも同じ解釈です。

たとえば、あなたがAさんの言葉で傷ついたとします。その時点ではあなたは被害者で、Aさんは加害者です。

しかし、「Aさんの言葉で傷ついた！　責任取ってよ！」と思ったのであれば、あなたはAさんを攻撃していることになる。その瞬間、あなたは加害者となり、Aさんが被害者といえるのです。

つまり、被害者である痛みと同時に、加害者である罪悪感も持つようになる。けれど、その罪悪感は意識できるレベルにはなく、心の深いところに生まれるものです。

そのため、心理学においては**無害者**になることを提案しています。

加害者でも被害者でもない、**無害者**。**それは「許し上手」という意味でもあり、寛容さでもあり、関係性を改善するために大切な心のあり方**です。

無害者であろうとするのは簡単ではありませんが、お互いの関係性を大切にする意識を持つことで、それを実現させてくれます。

加害者だ、被害者だと主張し合っている間はずっと争いが続き、やがて関係が壊れてしまいます。そこで、**無害者**を意識することで、対等に向き合うことが成熟されるのです。

その意欲を持ち、自分軸を意識すること。これが無害者になるコツです。

▼ **今、誰との関係で「無害者」になることが求められていますか？**

YURUMERU

怒りは感情の蓋

些細なミスを指摘されたとき、恥ずかしさを隠すために「わかってたよ！　直そうと思ってたところなのに！」と語気を荒く言い返してしまったりしていませんか？

恋人としばらく会えないとき、寂しさを認めるのがいやで「わたしのことなんてどうでもいいんでしょう？」とすねてしまったこと、ありませんか？

そんなふうに自分では認めたくない、感じたくない感情を隠すときに、人は**怒り**を使います。これは、本当の感情を守るための自己防衛みたいなもの。

もし怒りをおぼえたら、その奥にどんな感情があるかを探ってみてください。

「惨めな気持ちを感じたくなくて怒っているんだな」「わかってもらえなくてつらい気持ちを抑えるために怒って強がっているんだな」「申し訳ないと思っているけれど、素直にそれを認めたくないから怒っているんだな」というように。

もちろん、隠したくなるような感情なので、なかなか気づけないかもしれませんし、気づいたとしても、どうしていいのかわからないかもしれません。

それでも「あのとき怒ってきつく言ってしまったけれど、本音は『ごめんなさい』だった」と気づくだけでいいんです。すると、**怒り**がすーっと消えて冷静になれるものです。

いつもうまくいくとはかぎりません。**怒り**をおぼえているときには難しいでしょう。そのときは、あとから振り返って、本当の感情に意識を向けてみてください。

怒りを覚えたことを思い出して、その裏にある本当の感情は何だったのかを想像してみましょう。

YURUMERU

怒りを抑圧すると、抑うつ状態になる

本当の感情に**怒り**で蓋をすることはありますが、その蓋すら感じないように抑圧してしまう人が最近とても増えてきているように思います。

怒りを解放せずに抑え込んでしまうと、心の中に**怒り**が溜まり、感情の便秘状態になってしまいます。

怒りはとても強いエネルギーです。

そのエネルギーを抑え込むためにはかなりのパワーを使います。そうしてパワーを使っていくと、他に使うぶんがなくなってしまう。

すると「やる気が出ない」「気力が湧かない」という状態がまず起こります。

それがやがて「無気力状態」となり、「抑うつ状態」へと悪化していきます。まるで重りをつけられたかのように、心身ともに重たくなるのです。

もし「なんだか最近、無気力かも」と気づいたら、**怒り**を抱えていないかチェックしてみてください。誰か、もしくは、何かに対する**怒り**を抑え込んでいるのかもしれません。

そして、その**怒り**を**「御恨み帳」**（＊93ページ参照）にぜひ書き綴《つづ》ってみてください。

怒りに気づき、解放していくことができれば、気力が少しずつ回復してくるはずです。

「やる気が出ない」と思ったときは「誰に、何を怒っているのか？」を考えてみて。

YURUMERU

怒りはさまざまな形で表現される

怒りは「烈火のごとく」と表現されるように激しく、燃え盛る炎のようなイメージを持つものです。

一方で、**グッとそれをこらえて抑え込む引きこもりという怒りの表現もあります。誰かの言動でイラッとしても、何も言わずにじっと我慢し、飲み込んでしまう。**

日本人はこの「引きこもり型」で**怒り**を表現することが多くみられます。この場合、**怒り**は解放されずに心の中に溜まり続け、前項で紹介したような抑うつ状態にまで達することもあるのです。

また、相手の言動に対して「はいはい、

わかりましたよ。やればいいんでしょう、やれば」というように、一見従順な態度を取ることで**怒り**を表現する場合もあります。

そのほかに**あきらめる**こともまた、**怒り**の表現のひとつになります。「もういい！」と感情のスイッチを切ってしまう状態を**あきらめる**と表現できるからです。

もし、これまでの人生でいろいろなことをあきらめてきたならば、あなたの心の中には大量の**怒り**が溜まっているかもしれません。

これまであきらめてきたことを思い出してみてください。その中に今からできることはありませんか？

YURUMERU

承認欲求は満たされない

誰しもが「認められたい」という**承認欲求**を持っています。

ＳＮＳで映える写真や動画をアップするのもそのひとつ。そういった**承認欲求**はやがて**自己顕示欲**へと変化し、何かと注目を集めなければ気が済まなくなります。

ほとんどの場合、**承認欲求**には**無価値感**という感情が影響しています。**無価値感**とは「自分には愛される価値がない」と思わせる感情で、**自己肯定感**を著しく下げてしまうものです。

「自分では自分の価値を感じられないから誰かにそれを認めてほしい」。誰かに認めてもらおうとするうちは**承認欲求**が満たされることはありません。

というのも、「自分に与えているものしか受け取れない」という心の法則があるからです。

つまり、**「自分を認める」ということを自分に与えてあげないかぎり、他人がどれだけあなたのことを認めていても、それを実感することができません。**

もちろん、人から認められることで一時的には喜びを感じますが、次の瞬間には不安になり、もっと認めてもらいたくなるのです。

承認欲求には「自分が自分のことをもっと認めてあげる」という自己承認が非常に大切です。ところが、その自分が自分の価値を認めていないことになる（**無価値感**）ので、まずは自分にも価値や魅力をちゃんとあると知ることが重要です。

今日を振り返って、できるだけたくさん自分を認めてあげてください。

YURUMERU

そもそも、欲求は満たされない

承認欲求に限らず、わたしたちの欲求は、満たされ続けることはありません。

お昼ご飯を食べても、夕方になればまたお腹が減る。昨日ぐっすり眠っても、夜になれば眠くなる。

同様に「もっと愛してほしい」「もっとお金が欲しい」「もっと必要とされたい」といったあらゆる欲求は、一時的に満たされることはあっても、満たされ続けることはなく、また求めてしまうのです。

他人にそれを求め続けると「重い」と敬遠されるようになってしまいます。

また、欲求が満たされない分だけ不満を

抱えるようになり、文句や愚痴も生まれてきます。あまりにそれが満たされないと飢えたようになって暴走してしまうことも。

しかし、一方で欲求はモチベーションにつながる大切な感情でもあります。「あの人を振り向かせたい！」と思って自分磨きをした経験は誰しもあるでしょうし、「成功したい！」と誰よりも成果を出そうと努力する。

欲求のおかげでわたしたちは成長できることも事実。そんなふうに功罪併せ持つ感情が欲求なのです。

ゆえに、自分の欲求と上手に付き合っていくことは、わたしたちに求められる〝スキル〟なのです。

自分の欲に正直になり、それが自分を成長させるものか苦しめるものかを見極めてみて。

YURUMERU

「与える」ことは難しい

人間関係をより良好にするための方法が**与える**と**受け取る**です。

与えるとは相手が喜ぶためにすることが自分の喜び。いわゆる**無償の愛**と呼ばれるものです。推し活をしている人が「推しにプレゼントを受け取ってもらえるだけで幸せ」と感じるのはこの事例です。

そうはいっても、相手のために何かをすると、いい反応を期待してしまうもの。そうすると、喜んでもらいたくて**与える**ことになります。

これは**取引**です。

「これをしてあげるから、あれをしてね」という契約のようなもの。ビジネス上は問題ありませんが、人間関係でこれをされたらどうでしょうか？「ここの代金は僕が持つから今夜はとことん付き合ってね」なんて言われたら楽しめませんよね。

また、本当はしたくないけれど、嫌われたくないから相手を喜ばせようとすることもあります。それは**「犠牲」**です。やはりこれも愛ではありません。与えているつもりでも、本当はストレスが溜まってしまいます。

多くの場合、はじめは純粋に与えるだけだったのが、だんだん取引や犠牲に変わっていきます。現実的には純度100％の「与える」はとても難しいものです。

相手の良い反応を期待していると気づいたら、それを手放すようにしたり、**取引**や**犠牲**になっていると感じたら、思い切ってそれをやめてみてもいいでしょう。

▼

「それをするだけで嬉しい」と感じられることを考えて実行してみましょう。

YURUMERU

「受け取る」ことも難しい

与えることは上手でも**受け取る**ことが苦手な人は割と多くいます。

相手がしてくれたことに対して素直に「ありがとう！」と喜ぶことができず「何をお返ししよう？」「これは何か裏があるんじゃないの？」「これだけのことをしてくれたんだから、何かしなくちゃいけないのかも」などと考えてしまうのです。

与える側に**取引**や**犠牲**が交じっている場合は、受け取る側も気を遣ってしまいます。「ちゃんと喜んであげなくちゃ」というふうに。

大人になるといろいろと考えてしまい、

素直に相手の好意を受け取れずに「いいえ、大丈夫です！」と言ってしまったり、何かしてもらったときに感謝ではなく、申し訳ないと思ってしまうこともあるでしょう。

でも実際は、「ありがとう！」と心から喜んで受け取るだけでいいのです。

受け取るのはモノではなく、相手の気持ち。自分のために用意してくれた、自分を喜ばせようとしてくれた、その気持ちに感謝するのです。

受け取り下手だな、と感じている人は、ふだんから「ありがとう」を口癖にしてみましょう。ちょっとしたことに対して「ありがとう」と伝えてみてください。

そして、**考え方を「受け取ってあげる」という「与える」表現に変えてみる。与える**ことが得意であれば、こちらのほうがやりやすいかもしれません。

一日に10回、誰かに「ありがとう！」を伝えることを意識してみて。

YURUMERU

「与える」と「受け取る」を循環させる

あなたは友人に誕生日プレゼントを贈ります。それ自体が喜びで「友達でいてくれてありがとう！」と感謝しています。さらに、プレゼントを受け取った友人の笑顔を見て、また嬉しい気持ちになります。

あなたはプレゼントを友人に与え、同時に喜びや感謝を受け取った。そしてその友人は、あなたからプレゼントを受け取り、喜びや感謝の思いを与えたのです。

この**「与えて受け取る」「受け取って与える」**というサイクルで人間関係は円滑に回っていきます。

もしあなたが「与えるけれど受け取れない人」であれば、出ていくもののほうが入ってくるものより多く、やがて「枯れる」

ことになります。もはや与えられるものが何もない、燃え尽きた状態です。

逆に「受け取るけれど与えられない人」だとすると、入ってくるもののほうが出ていくものより多いので、やがて「腐る」ようになります。それが「全然足りない。もっと欲しい」という欲求不満の状態なのです。

もし、いつも燃え尽きているような、乾いているような（枯れているような）感覚があるとしたら、今は周りの人の愛を受け取るときだと思ってください。

逆に、周りの人たちに不満があり、もっと愛してほしい！　と感じているのであれば、今まさに愛を与えるタイミングだと思ってください。

「与える」と「受け取る」が循環し始めると心はうるおい、余裕を感じられるようになります。

▼ **今のあなたは与えることと受け取ること、どちらが必要な時期でしょうか？**

YURUMERU

期待は裏切られるもの

「きっと彼はわたしの気持ちをわかってくれているはず」と思っているとき、おそらく彼はあなたの気持ちをわかっていない可能性が高いでしょう。

「みんなのためにいっぱい頑張ってきたんだから、きっと感謝してくれるはず」と思うときもまた、みんなは意外とあなたの頑張りを理解していないかもしれません。

「家族のために我慢してきたんだから、少しくらいわがままを言ってもいいはず」と思って欲を出すと、家族から拒絶されることがあったりもします。

ちょっと悲しいような、つらいような話ですが、この「〜のはず」という期待は、

「希望的観測」であることがほとんどです。

期待しているときというのは、意外と現実を見ていない（受け入れてない）独善的な状態です。

「彼はわたしの気持ちをわかってくれているはず」と期待している人に「ちゃんと気持ちは伝えているんですね？　愛情表現はばっちりですよね？」と質問をします。

でも、その答えは「伝えているつもり。愛情表現をしているつもり」「いや、そんなことしなくてもわたしの態度を見ればわかってくれるはず」なのです。

この**期待**、じつは**欲求**の変形バージョンです。

「気持ちをわかってほしい」「感謝してほしい」「わがままを言いたい」が本音で、そのために何かしているかというと、ほとんど何もしていない場合が多いのです。

そのため、**欲求**は満たされず、ガッカリする＝裏切られることになるのです。

▼ **誰かに「〜のはず」と期待してしまっていることはありませんか？　それを手放してみましょう。**

YURUMERU

「期待」と「信頼」の違い

「期待は裏切られる」けれど、「信頼は裏切られることがない」というのが心理学的解釈です。

期待というのは**欲求**の変形バージョンで、自分にとって都合の良い結果しか見ようとしません。だから、裏切られると感じる可能性があるのです。

しかし、**信頼**というのは自分にとって良い結果だろうが悪い結果だろうが、自分の欲を横において相手の言動を支持する態度のことを指します。だから、裏切られることはありえません。

信頼するは**愛する**の表現のひとつです。

ちなみに、その対象から目を逸らすこと

を**逃げ**といい、無関心でいることを**放置**というふうに表します。

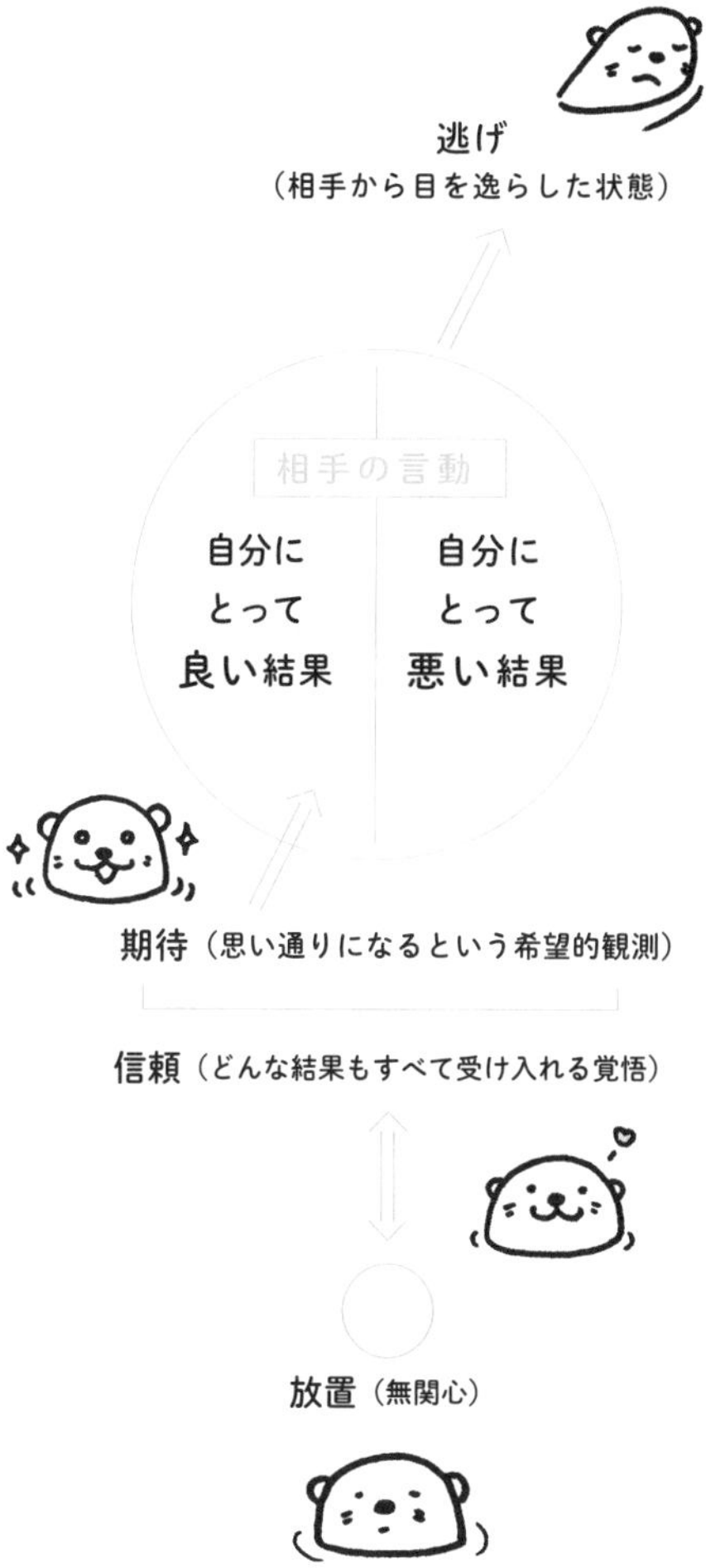

身近な人を思い浮かべてください。その人に感じていることは「信頼」でしょうか？「期待」でしょうか？

YURUMERU

完璧主義と理想主義は、自己肯定感の敵になる

完璧主義は「完璧じゃない自分は愛されない」という思い込みから生まれるもの。「ちゃんと」「きちんと」が口癖です。

しかし、世の中において完璧なことなどないため、完璧にできない自分をつねに否定し続けることになってしまいます（ただし、完璧主義のポジティブな面は「こだわり」ともいえます。これは向上心となり、自分を高めてくれるものになります）。

理想主義とは、つねに高い基準＝理想を掲げて、そこに至らない自分を否定する姿勢を表します。

「これくらいできなければだめだ」と自分を追い詰める癖があり、また、何か達成し

たことがあっても「これくらいで満足してはいけない」と思ってしまう。そのため、全然自分のことを認められません（ただし、**理想主義**も、その理想に向かって頑張ることが楽しく、面白いことであるならば全く問題はありません）。

こうした場合、自分を否定し、価値も成果も受け取らないので、**自己肯定感**を著しく下げてしまいます。これらが強く出てくると、どんどん自信を失い、何をするにも臆病になってしまうのです。

一方で、完璧さを求めることも、理想を追い求めることも、ポジティブな面があります。そのため、混乱が生じやすいのです。

もし、完璧主義や理想主義が自分の首を絞めているのであれば、それはネガティブなこと。手放す意識を持ったほうがいいでしょう。

あなたの首を絞めている完璧主義、理想主義な自分を手放してみましょう。

YURUMERU

ハードワーカー、ブランド信仰、恋愛依存症の共通点

休む日もないほど働き、頭の中の大部分が仕事で占められているハードワーカー、またはワーカホリックと呼ばれている人。ハイブランドで身を固め、高級車を乗り回している人。

つねに誰かと恋愛をしていないと不安になってしまう恋愛依存症な人。

一見、何の脈絡もないこの三つのケースですが、ある共通点があります。

それが**無価値感**です。

そのままの自分では価値がないと思っていて「仕事で」「ブランド品で」「恋愛で」自分に価値を見出している。いわば「虎の威を借る狐」状態といえます。

本当に仕事が好きな人は「休みも仕事のうち」と捉え、遊びや趣味の時間も作って、家族や友人との時間も大切にしています。

ファッションが好きな人は「自分に似合う服」を知っています。それがハイブランドでも、ファストファッションでも、自分が気に入ったものを選ぶでしょう。

恋愛上手な人は相手に流されることなく、きちんと自分を持っています。恋愛していないときの自分も好きだし、恋愛しているときの自分も好きなのです。

この**無価値感**、仕事でどんなに実績を上げても、ハイブランドの服をたくさん持っていても、イケてる人からモテまくっても癒されるものではありません。

外側からの評価で埋められるものではなく、「自分が自分を愛すること」「自分が自分の価値を認めること」が大切なのです。

▼ 無価値感を埋めるためにあなたがしてしまっていることはないか、振り返ってみましょう。

YURUMERU

アンダーグラウンドが必要になる理由

心理学においてのアンダーグラウンドとは**「表の社会で解消できない気持ちを処理するために創り出す世界」**を指します。

いい人をしていると、人前で弱音を吐いたり、感情的になったり、人を傷つけることをしたり、暴れたりすることはできません。また、周りの人をがっかりさせることも嫌います。

それではやっぱりストレスが溜まります。誰かにいやなことを言われても我慢して穏やかに対応をし、きちんとした人に見えるように頑張っているわけですから。

でも、表の社会でそのストレスが解消できないと「人目につかない場所」で解消しようとする心理が動きます。

不倫をする。ギャンブルにハマる。家族にモラハラをする。酒におぼれる……。

それらが**アンダーグラウンド**だと決めつけることはできませんが、そうした「表沙汰にできないこと」でストレスを解消しようとします。

表の社会と**アンダーグラウンド**で心理的なバランスを取ろうとしているのです。

これは、ともすれば自分の大切な人を悲しませ、ときには罪を犯すことになりかねません。

表と裏の統合を進めていくためには、**アンダーグラウンド**から足を洗うことではなく、表の社会での**いい人**をやめていくことが重要です。できるだけ素の自分を表でも出せるように意識をしてみてください。

あなたの中のアンダーグラウンドで処理しようとしている感情は何だと思いますか？

YURUMERU

燃え尽き症候群になる理由

「このところやる気が出ない」「少し前からモチベーションが著しく落ちてきている」「なんか疲れやすくなって体がだるい」そういった相談を受けることがあります。

休日もなく働いていた。仕事と家事の両立を頑張っていた。子育てだけでなく親の介護もしていた。というケースはわかりやすいのですが、それだけではありません。「仕事はそんなに忙しくないけれど、職場の人間関係に悩んでいた」「恋人との関係がうまく行かなくなって、何とかやりなおそうと頑張っていた」というのも、心理的にはハードワークになります。

何かのきっかけでガス欠を起こしてしまったのが**燃え尽き症候群**です。となると、心にとってのガソリンを入れてあげる必要があるのですが、それは何だと思われますか？

じつは、人によって多少異なるのですが、次のようなものがだいたい当てはまります。

「誰かとのつながり。愛」「喜びや楽しみ。ワクワク感」「安心感。居場所がある感覚」

逆に、これらをふだんから装備していれば**燃え尽き症候群**には陥らないとも言えるでしょう。

あなたにとって心のガソリンとなっているものは何ですか？

YURUMERU

現代のリーダーシップとは？

20世紀のリーダーシップは「俺についてこい！」というスタイルで、強く、たくましくいなければいけませんでした。よって、**完全無欠のヒーロー**、いわば男性性が強いリーダーが求められていました。

しかし、21世紀になる頃からリーダーシップの形が変わり、女性性の要素も求められるようになりました。

そのひとつが**見本になる人**です。

「こういうふうにすればうまくいくんじゃない？」とお手本を見せる。でも、自分のやり方を押しつけるわけではありません。

離脱者に対しても「やる気になったらついておいで」「いつまでも待つよ」という姿勢でいます。カリスマ性があって、「あの人についていきたい」と思わせる魅力的な人物です。

二つ目は**調整役**です。

「つながり」を大切にし、問題もチームで解決していくスタンス。個々に役割や責任を分散させ、自分はまとめ役になる。問題が起きたときは「みんなならどうする？」と話し合い、完全無欠ではないので弱さを見せたりもします。

三つ目は**弱いリーダー**です。

弱音を吐いたり、決断力がなかったり一見頼りないのですが、人間的に魅力的でなぜか嫌いになれない。そんな愛され上手なキャラゆえに「あの人のために頑張らなきゃ」と周りの人をやる気にさせてしまう力を持つのです。

力や結果を重視していた時代から、感性やつながりが求められる時代へ。リーダー像もずいぶんと変化してきています。

どのリーダーの下で働きたいですか？　また、どんなリーダー像が自分に合っていると思いますか？

人間関係を読み解く「家族の5つの役割」

心理学では家族が次の5つの役割を担うとされています。

これは家族に限らず、ビジネスにおいてもチームビルディングに活用される考え方です。大切なのはどの役割も「家族を救う」という目的を果たしているということです。

・ヒーロー（ヒロイン）

家族の中心的人物であり、期待の星や大黒柱を務める存在。学校で言えばクラス委員、職場ではリーダーポジション。家族を良い方向に導く力を持つ一方、暴走すると家族が混乱する。ヒーローの自覚が強すぎて嫌われたり、正義を振りかざして他のメンバー（特に問題児）とぶつかったりすることも多い。

・殉教者（犠牲者）

「昭和のお母さん」的な一歩引いたポジションで家族を支える存在。メンバーの面倒見役であり、縁の下の力持ち。ヒーローが先頭で引っ張る家族を最後尾からフォローする役割を担う。「わたしはいいから」と遠慮や犠牲が癖になり、その価値を受け取れないことが多い。

・傍観者

家族から分離して見守るポジション。ひとり火の見櫓《やぐら》の上から街を眺めているイメージなので、「浮いている」「協調性がない」「孤立している」と感じやすい。家族を客観的に見ているので最も早く問題に気づくが、分離しているがゆえに家族から受け入れられないことも多い。

・問題児

家族にとって悩みのタネとなる存在だが、「家族の問題を一手に引き受けることで、他の人たちが自分の問題を見ずに済む」という形で家族を救おうとしている存在。どんなチームにもあるもので、仮に問題児を切ったとしても別の誰かがこの役割を担うことになる。問題児に問題を押しつけるのではなく、それを自分自身の問題として向き合うことが求められている。

・チャーマー

愛されキャラであり、いじられキャラでもある存在。末っ子がこのポジションに入りやすい。家族を笑わせ、楽しませるエンターテイナーであるが、発言権がなく、軽く扱われることも多い。それゆえ、自分に自信を持ちにくい。

それぞれの役割は**傍観者**＋**問題児**というふうに兼務することもあれば、**ヒーロー（ヒロイン）**だった長兄が何かの失敗で**問題児**になることもあり、ケースバイケースで役割が変わります。

また、これらは職場のチームの問題に発展することもよくあります。上司（ヒーロー）が資料をちゃんと準備しなかった部下（問題児）に腹を立てきつく叱っている。それを補佐（殉教者）が間に入って何とかなだめようとする一方、別の部下（傍観者）はただその様子を見ているだけで、いつもいじられ役の別の部下（チャーマー）はどうしていいかわからず、おどおどしている、というふうに。

役割は自然発生するため、それぞれがこの役割を認識し、ふだんから上司と補佐がよくコミュニケーションを取っておく、傍観者にどこに問題があったのかを聞いておく、など、長所と課題を把握すると、チームの運営が円滑になっていきます。

あなたの家族、職場、仲間、友人がそれぞれどの役割を担っているかを考えてみてください。

YURUMERU

人間関係のバランスの法則

人間関係というのは不思議とバランスを取り合うものです。

「ワンマン社長の下で働くイエスマン」「情熱的なリーダーを支えるクールな参謀役」「助けたい症候群の彼とメンヘラな彼女」といったふうに。

このバランスは相手によって変わることが多く、たとえば「前はだらしない恋人と付き合っていたから自分がしっかりしていた。けれど、きちんとした恋人と付き合い始めると自分がどんどんだらしなくなっていく」ということもありえます。

前項の**5つの役割**もこのバランスの法則

の上に成り立っていて「所属部署ではお荷物（**問題児**）だった彼が、今のプロジェクトでは先陣を切って活躍してくれている（**ヒーロー**）」というケースもあるわけです。

職場や家族の問題は、そうした全体のバランスがどうなっているかがカギとなります。

責任感が強いせいでリーダーが仕事を背負い込みすぎてしまうがゆえに、周りの人たちは自分の存在意義が感じられていないかもしれません。もっとメンバーを信頼し、仕事を振っていくことでメンバーたちのやる気を取り戻すことができるかもしれない。そんなふうに方向転換ができるのです。

あなたのまわりではどんなバランスの法則が働いていますか？
また、あなたがどう振舞えばより活性化できるでしょうか？

YURUMERU

信頼を得るには、どう話すかより、どう聴くか

「どうすれば信頼を得られますか？」ビジネスにおいてはもちろん、パートナーシップにおいてもよくある質問です。

多くの人は「どういうふうに話をすればいいか？」「相手の心に響く話し方をするにはどうしたらいいか？」「どうしたら相手の心をつかむ話ができるのか？」ということに興味があるのではないでしょうか。

その答えは、**「話すよりも聴くほうが信頼を得られる」**です。

人は話を聴いてもらうと「自分を受け入れてもらえた」と感じます。それは純粋に嬉しいことで、安心・安全を感じられるた

め、相手に心を開くようになります。

そうしてようやく相手の話を聴く準備ができるのです。

買い物をしようとお店に入ってすぐに「今これがおすすめです。いかがですか？」とグイグイこられると、その勢いに購買意欲が下がってしまいます。

一方で「何かお探しですか？」「何かお困りですか？」と柔らかく質問されると話しやすくなりませんか。さらに、自分の話を熱心に聴いてくれたら「ここは良い店だ」と感じ、購買意欲も高まるのではないでしょうか。

「まず相手を受け入れる」のが人間関係における基本です。

それがそのまま「相手に心を開いてもらうには？」「相手に信頼してもらうには？」という質問の答えになります。

あなたのまわりの人気者を観察してみると、聴き上手な人が多いことに気づけるはず。

YURUMERU

「正しさ」と「幸せ」は反比例する

正しさに捉われると過ちや間違いが許せなくなります。人間関係における**正しさ**はそれぞれの価値観によるため、絶対的な正しさではなく、相対的な正しさとなるのです。

誰かとの喧嘩を思い出してみてください。お互いに自分の価値観が正しいと思って、それを主張していませんでしたか？

さて、その**正しさ**ですが、こだわりすぎると幸せが逃げていく、という心の法則があります。

あなたが「正しい人」であれば、相手は「間違った人」になる。お互いに全く同じ価値観ということはないからです。

もし、あなたが**正しさ**にこだわっているならば、相手はあなたから間違いを糾弾され続けることになります。そうなるとその関係はやがて破綻してしまうことは想像に難くないですね。

たとえば、恋人に浮気されたFさん。怒り心頭で恋人を責め、罪を償うよう要求し続けます。確かに浮気は良くないことです。しかし、**正しさ**を主張し、恋人を責め続けている間は、Fさんは幸せを感じられません。もちろん相手もそうです。

恋人と別れることも選択のひとつですが、もし、その恋人とやり直すことを希望するのであれば、相手を責め続けることは、幸せを遠ざけてしまうでしょう。

その場合は、**正しさをいったん横に置き、自分にとっての幸せに意識を向けてみる。**そうすれば、関係を良いものにしていくことができるのです。

▼
今その「正しさ」を捨て「幸せ」を選ぶべきことはありますか？

YURUMERU

そうしなければならなかった理由に目を向ける

誰かにとっての**そうせざるを得なかった理由**は何なのだろう、と私はいつも考えています。

仕事が続かないのも良くないし、浮気をするのも良くない。子どもにいつも怒鳴ってしまうのも、部屋の片づけができないのも、夜中につい爆食いしてしまうのも良くないとわかってはいる……。

では、それをやめるにはどうしたらよいのでしょうか。

そうしたできごとは**表面上のこと**と捉え、「枝葉」という見方をします。

「そんな夜中にたくさん食べたら太るし、

体に良くない」なんてことは百も承知ですし、幾度となくそんな自分を責め、変えようとしてきたでしょう。

表面的なことが意志の力で変えられないとするならば、原因は心のほうにあるといえるでしょう。そこで、枝葉から幹、そして、根、さらには土壌に目を向けていき、そちらを改善しようと試みるのです。

「なんでそんなことをするんだろう?」「なんでこんなことをしてしまったんだろう?」と思ったとき、その背景にある心理に目を向けてください。

そうせざるを得ない、そうならざるを得ない理由が必ずあるのです。

▼ **あなたの大切な人の行動を理解する意欲を持ってみてください。**

Part 3

1日5分、心をととのえる

TOTONOERU

自己肯定感をあげるための習慣

今日一日を振り返り、次のことを見つけてノートに書き出すようにしてみましょう。

①今日起きたできごとで、感謝したいことを5個以上書く。
②今日の自分を10個以上褒める。
③つい自分にダメ出ししてしまったことを思い出して「そんな自分でもOK」と書く。

これは**自己肯定感**を上げるために採り入れる効果的なワークです。全部書き出せなくても、1～2個でもOK。

帰りの電車の中で、お風呂上がりのひと

ときに、寝る前のちょっとした時間に取り組んでみてください。

二〜三週間続けられると「なんだか自分に優しくなれた」と感じられるようになります。

このワークを続けるポイントは「できるだけハードルを下げること」。

人に感謝することも、自分を褒めることもハードルが高いままだとなかなか見つかりません。

それから、同時に何らかのゲーム性を持たせること。

たとえば、①が30個溜まったら「少し贅沢《ぜいたく》な晩ごはんを食べる」とか、一週間連続して書けたら「新色のリップを買う」などのごほうびを用意してあげてもいいでしょう。

▼ **まずはどんなごほうびを用意しようか検討するところから始めてみてください。**

TOTONOERU

“正しい”ひとり反省会をしよう

「反省会」というと、ダメ出しばかりするような状況を想像してしまいますよね。

「なんであんなことしちゃったんだろう？　もっとこうすればよかった」と後悔ばかりしたり、「本当に自分は情けない。あの程度のことも失敗するなんて信じられない！」と自分に厳しくするような。

でも、ここでいう反省会は、そうではありません。

私がおすすめする**ひとり反省会**とは、**ノートやスマホ、パソコンに書き出すこと**です。

頭の中でぐるぐると考えているだけでは、つい自分を責めるばかりになり、気分も落ち込んでいきます。

また、本当に痛いところを避けて通ろうとするため、都合のいい解釈になってしまう。すると、改善点があいまいになり、同じことを繰り返しやすくなります。

ノートやスマホに書き出すことで「目で見る」という動作が生まれ、同じことを何度もぐるぐる考え込むことがなくなります。

頭の中では遠慮なく自分を責められますが、それを書き出すのはなかなか抵抗があるもの。すると、自分責めも少しマシになっていきます。

書き出すことで気持ちや頭の中が整理され、改善点が見つかったり、客観的な見方ができるようになったりと、前向きな反省会になりやすいのです。

「自分を責める」反省会から「前向きな気持ちになれる」反省会に改革していきましょう。

TOTONOERU

自分と対話する時間をもつ

自分と対話することはとても重要です。**自分との対話**は、言い換えれば「心の声を聴く時間」。

自分が本当に何を感じているのか？
自分はどうしたいのか？
自分は何を求めているのか？
自分は何が好きで、何が嫌いなのか？

頭で考えるだけでなく、心に聞いてみる。

これを日常生活でできればいいのですが、情報に溢《あふ》れ、意外とやることがたくさんあるわれわれ現代人は、意識的に時間を確保するべきだと考えます。

二泊三日程度のひとり合宿ができればベターですが、すべての人がそう簡単に実現できることではないでしょう。

そういった場合は、一日のどこか、30分だけでも、ノートを前に自分と対話する時間を作ってみてください。

わたしたちは「どうすべきか？　どうしたらいいか？」と思考することはあっても、「どうしたいのか？」に目を向ける時間が少ないように思います。

心を置き去りにして思考だけで生きていると、自分の気持ちがわからなくなり、幸せも喜びも希望も感じられないようになってしまうのです。

心の声を聴いて、心と共に歩むために、自分との対話時間を積極的に作っていければ理想的です。

今すぐ、10分でも20分でもいいので、時間が許すかぎり心の声を聴いてみましょう。

TOTONOERU

SNSは自分軸を確立するチャンス

SNSが原因で傷ついたり落ち込んだりすること、ありますよね。

自分だけ呼ばれていない集まりがあってショックを受けた。キラキラした人たちに嫉妬してしまう。頑張っている人たちばかりが目について気が滅入る……等など。

じゃあ見なければいい、と言われても、大切な交流の手段だし、知りたい情報を探すのに役立っているし、やっぱりみんなの動向が気になってしまうもの。

そうやって周りの人に振り回されているときは**他人軸**の状態です（＊30ページ参照）

SNSは周りの人たちの動向が見える場所ですが、逆に見れば自分軸を確立する絶

好の稽古場。

頑張っている人たちのことが羨ましいと思ったら……「その人はその人、自分は自分」と唱える。

誰かがキラキラした投稿をしていたら……「わたしはどうしたい？　自分もああなりたい？」と心に聞いてみる。

自分抜きで楽しんでいる人たちを見つけたら……「いいな！　わたしもそこに行きたかった！」と声に出して素直な気持ちを認める。もちろん、「ムカつく！　なんで誘ってくれなかったの！」と怒ってもOKです。

物事がうまくいっていないときほど、自己否定が強く、**他人軸**になりやすいもの。そういうときこそ**自分軸**を意識すれば、そんな状況からだって抜け出せるのです。

▼ SNSアプリを開き、「自分軸、自分軸」と唱えながらタイムラインを眺めてみましょう。

TOTONOERU

寂しさや孤独感が教えてくれること

人が怖れる感情の最上位に上がってくるのが**孤独になることへの怖れ**です。

ひとりになること、もっと言えば、ひとりで死んでいくことを、人は潜在的に、強く怖れます。それは、文明が発達していなかった昔、集団から離れて孤立することが死を意味していた時代の名残《なごり》とも言われています。

そんなふうに孤独を怖れるわたしたちは、みんな寂しがり屋とも言えます。あなたは寂しいときに素直に寂しいと言える人でしょうか？

孤独感や寂しさは**ネガティブな感情**で、ときに人を錯乱させるほど強烈です。

でも、ネガティブなだけの感情は存在しません。必ずその裏には**ポジティブな感情**があります。

孤独を感じて寂しくなるのはつながりや安心感を知っているから。すなわち、誰かとのあたたかいつながりを必要とし、誰かがそばにいてくれる安心感を求めているサインです。

そのサインを素直に受け止め、自分からつながりを求めていくことで孤独感や寂しさから抜け出すことができます。

ポイントは「自分から」というところ。
自分から連絡してみる。自分から会いに行く。自分から求めていく。そうした行動を起こしてみましょう。

▼ **さっそく今晩、自分から誰かを誘ってみませんか?**

TOTONOERU

自分を否定しても問題は解決しない

先日、我が家のトースターから煙が出て使えなくなってしまったのですが、どうやら息子が昼間に焼いた好物の五平餅《ごへいもち》の味噌《みそ》がヒーターに垂れてしまったのが原因だったようです。

そのときに「トースターが悪い」「息子が悪い」と責めても、トースターが使えるようになるわけではないですよね？

わたしたちは何か問題が起きたとき、自分を否定したり、他人を責めたりすることがあります。

もちろん、間違っているところがあればそれを正すことは必要です。

しかし、否定したり、責めたりしたとこ

ろで問題そのものは解決しません。それどころか、責めることで自己満足し、また同じことを繰り返しかねません。

それより、ちゃんとその原因（ヒーターに味噌がかかっていた）を見極めたり、対策（ヒーターをきれいにする）を練ったりするほうが問題の解決に結びつくのです。

自分や他人を責める暇があったら自分や他人をもっと愛すること、と心理学ではいわれます。

自己否定は単なる自分いじめにしかすぎませんし、他人を責めることは関係を悪化させることにしかなりません。

否定したところで何ら問題は解決しないことを覚えておいてください。

今この瞬間も自分を否定していませんか？「そういうこともあるよねー」と自己受容しましょう。

TOTONOERU

親密感への怖れ

わたしたちは子ども時代に傷ついてきた分だけ、誰かと親密な関係になることに怖れを抱くようになります。

おもな原因は、家族や学校での人間関係。自分としてはもっと仲良くなりたい、距離を縮めたい、親密になりたいと思うのに、なぜかうまくいかない。

それは**親密感への怖れ**といい、次のような現象として出てきます。

なかなか人と仲良くなれない。距離が近づくと、気を遣いすぎてぎこちなくなる。

恋愛が長続きせず、いつも短期間で終わってしまう。

あまり人を信じられない。

仲良くなると、相手にムカつくことが増えて喧嘩が多くなる。
誰かといると疲れるから、ひとりでいるほうがずっと楽。
初対面はいいけれど、何度も会ううちに何を話していいかわからなくなる。

こうした問題があるときは、子ども時代～思春期を振り返りながら、どの人間関係に問題があったのかを探ってみます。

たとえばそれが、過干渉な母親だとすれば、自分では全く無意識のうちに「これ以上この人と親密になったら、母親みたいにあれこれ干渉してくるかも」と怖れを抱いてしまう。

その場合は母親との関係を見つめ直し、わだかまりを解消していくことで、他の人とも親密な関係を築けるようになります。

今もっと距離を縮めたい人はいますか？　その人とより近づけたらどうなるかをイメージしてみましょう。

TOTONOERU

心のドーナツ化現象

仕事も順調で、職場の人からも慕われていて、友人も多いと思われているけれど、心のうちを本当に見せられる人がいない。

こうした状況を**心のドーナツ化現象**といいます。自分の周囲にはたくさんの人がいるけれど、すぐそばには誰もいないと感じているため孤独な状態です。

端から見るといつも人に囲まれているのでなかなか気づいてもらえず、また理解もされないので、余計に孤独感を高めてしまいます。

心のドーナツ化現象が起きやすいのは**「人当たりが良く、コミュニケーション能力が高い」「面倒見が良く、周りにいつも**

気を配っている」「仕事ができるリーダータイプで、周りから信頼されている」という、一見、長所を持った人です。

しかし、**自己犠牲的に振舞うことが多く、自分よりもいつも他人を優先したり、人の話には耳を傾けるけれど自分の話は全然しなかったり、なかなか心のうちを打ち明けることができません。**

なぜそうなったのか？　原因は、たいてい子ども時代に見ることができます。第一子で親から期待されて育った。両親が共働きだったので自分のことは全部自分でしてきた。頼りない兄の代わりに自分がしっかりしなければと生きてきた、など。

ただし、実際は長所の塊みたいなタイプなので、少しずつ人に心を開いていくことでこの孤独感は解消されていくでしょう。

▼

あなたが人になかなか言えない自分の秘密を、目の前のスマホやノートに書き出してみましょう。

TOTONOERU

大丈夫なふり、していませんか？

「大変そうだね、手伝おうか？」同僚からそう言われて、反射的に「大丈夫だよ。ありがとう」と答えてしまった。

「しんどそうだけど何かあった？」友達から聞かれても「そう見える？　何もないよ！」と元気に振舞ってしまった。

そんなこと、ありませんか？


人に迷惑をかけたくない、心配をかけたくない、という心持ちはすばらしいのですが、本当はしんどいのに、本当は大変なのに、本当は辛いのに、つい大丈夫なふりをしてしまう人は意外と多くいます。

「ふり」だと気づいていればまだいいのですが、迷惑をかけたくない気持ちが強いあまり、自分は大丈夫だと信じ込んでしまう場合もあります。

そうしてひとりで何でも抱え込んでしまう現象を、**抱え込み症候群**と呼んでいます。


思い当たる人にはやってもらいたいことがあります。

まず目をつむり、職場の同僚や友達の顔を思い浮かべてください。

そして、「本当は全然大丈夫じゃない！　辛い！　しんどい！」と実際に声に出してみてください。なかなか言えないかもしれませんが、何度も繰り返して。

とてもシンプルですが、**本当は大丈夫じゃない、ということを認められると、すーっと肩の力が抜けて軽くなります。**

すると、周りの人に助けを求められるようにもなっていくのです。


「全然大丈夫じゃない！」と言ってみたとき、どんな気持ちがしましたか？

TOTONOERU

執着を手放して身軽になる

執着しているものが多ければ多いほどわたしたちの人生は重く、不自由で、苦しいものになっていきます。

執着しているものとはおもに「背負っているもの」「抱えているもの」のこと。

今のあなたにとって「大切なもの」「重要なもの」を書き出してみてください。

お金、家族、恋人、仕事、服、アクセサリー、寝る時間、映画を見る時間、友達、お酒を飲む時間、旅行、健康、美味しい食事、実家のペット……。できれば具体的に、50個以上あるといいでしょう。

さて、この書き出した50個から、まずはより大切な25個を絞り出します。それを12

個に、6個に、3個に、そして、最後の1個まで絞っていきます。

さて、12個に絞る段階で、かなり葛藤が出てきたのではないでしょうか？

「お金がなければ生きていけない」「家族が何よりも大切」「健康であってこそ人生は楽しい」。一見良いことに見えるし、実際良いことですが、その葛藤の裏にあるのは執着かもしれません。

執着があるところに自由はない。それはつまり、選択肢がない状態です。

「家族がいれば幸せだけど、いないと不幸せになる」という不安や怖れ。それを**手放す**ことであなたは自由になり、心を軽くした状態で人生を楽しめるでしょう。

それは究極のところ「家族がいたほうが幸せだけれど、仮にいなくても自分は幸せになれる」という心の状態を作り出すことです。

「大切なもの」「重要なもの」を書き出して、自分の「執着」を把握してみましょう。

TOTONOERU

「自由」は「選択」がもたらしてくれるもの

自由の定義はさまざまありますが、**選択肢が与えられていること**もそのひとつです。

たとえば会社を「辞める」「辞めない」の選択肢がある状態、それは**自由**です。

もし強制労働に駆り出され、辞めるという選択肢がない状況であれば、強く**不自由**を感じるでしょう。

しかし、その**自由**がわたしたちを悩ませることも多くあります。

会社を「辞める」「辞めない」という選択肢が与えられているからこそ、「辞めたいけど、生活を考えると辞められない」という悩みを作り出してしまうのです。

そこで、「辞める」という選択肢を持ち

つつも、自分の意志で「辞めない（続ける）」を選ぶこともできます。

すると、迷いが吹っ切れ、仕事によりやる気を感じられるようになることもあります。これは**開き直り**ともいい「どうせ会社を辞められないのなら、もっと一生懸命やろう」という覚悟が決まった状態です。

また、選択肢を新たに設けることで、問題が解決に至るケースもあります。

会社を「辞める」「辞めない」の二択ではなく、「まず資格を取る」「起業の準備をする」という選択肢を新たに加えてもいいですし、「誰かに相談する」という選択肢を設けることで道がひらけることもあります。

もし何かに悩んだときはどんな選択肢が与えられているのか？　または選択肢がないと思っているのか？　を一度考えてみるといいでしょう。

不自由さを感じる状況を見つけて、選択肢を増やせないか考えてみましょう。

TOTONOERU

モノも感情も人も思い切って捨ててみる

「整理整頓」というと、一般的には片づける意味で使われていますよね。

それをさらに拡大解釈して、モノだけでなく、人や感情も時には思い切って捨ててみることをおすすめしています。

たとえば、SNSの友達リストに「最近この人とはもう疎遠になってるなあ」という人はいませんか？

また、「本当は距離を置きたいけれど、長い付き合いだから仕方なく」友人関係をキープしている人はいませんか？

もし、付き合うことに喜びや楽しみなどを感じられない人がいれば、思い切って友達リストから削除してみてください。
最近のSNSには「少し距離を置く」「表示回数を減らす」という機能がついている場合もあるので、まずはそこからでも。

また、仕事中にいやな思いをして家に帰ってからも気分が晴れなかったり、恋人とちょっと言い合いになってモヤモヤしていたり、ネガティブな感情が出てきているなら、それを**ノートに書き出してすっきり**させてみましょう。

このノート、私は**「御恨み帳」**（＊P93ページ参照）と呼んでいます。使いかけのノートに、ボールペンなどで今感じている気持ちをおもむくままに書きなぐってみてください。もちろん、書き終わったらそのページは破り捨ててOKです。

▼
実際に人や感情を整理してみてください。どんな気持ちがするかを意識しながら。

TOTONOERU

いやな気持ちを お風呂で洗い流す

入浴は、身体のためにも心のためにも非常に大切な習慣です。そんな入浴時間におすすめしたいワークがあります。

まず、脱衣所で「自分の身を守るために着けた鎧《よろい》」をイメージしながら服を脱いでみてください。

仕事ができる人、優しい人、頑張り屋さん、頼りがいのある先輩、面白キャラ……等など、昼間の生活で身に着けている仮面や鎧を脱いでいくように。

次に、体についた一日分のホコリを落とすイメージでシャワーを浴びます。

上司の何気ない一言、自分の犯したミ

ス、友達にむっとしたできごとなど、いやな気分を洗い流すように。
湯船に浸かったら、今度は体の中に入り込んでいる「疲れ」や「ネガティブな気持ち」が、皮膚を通じてにじみ出てくるのをイメージします。
その疲れがお湯に溶けて見えなくなってしまうように。
最後に、バスタオルで全身を丁寧に拭い、心身ともどもきれいにしましょう。

毎日は面倒かもしれませんが、時間のある日にやってみたり、シャワーを浴びるときにだけイメージしてみたりすると、心が軽くなるだけでなく、睡眠の質もよくなっていきます。

わずか数日でちょっとした変化に気づけるはず。

TOTONOERU

良質な睡眠を作り出すための「感謝」

あとは寝るだけ、という一日の終わりの時間。そんなときにしてほしいワークがあります。

それは、今日を振り返り、感謝したい人を思い出し、心の中で伝えるというものです。

「駐輪場のおじさん、今日も笑顔で挨拶してくれた。ありがとう！」

「友達がちゃんとＬＩＮＥを返してくれた。ありがとう！」

「後輩がちゃんと期限を守って仕事をしてくれて助かった。ありがとう！」

「会議のとき、先輩がわたしをかばってくれて嬉しかった。ありがとう！」

「スーパーのお惣菜が美味しかった。作ってくれた人、ありがとう！」

「ありがとう」の反対言葉は「あたりまえ」。

日々の生活に「あたりまえ」が増えると「ありがとう」が減っていきます。

電気がちゃんとつくのも、シャワーが温かいのも、時間通りに電車が来るのもあたりまえじゃない。すべて誰かが働いてくれているおかげなんですよね。

この**感謝**のワークは、心が軽くなり、温かくなるだけでなく、続けていると人間関係が良好になったり、なぜか肩こりや片頭痛が治った、と効果がわかりやすく出るようです。

まずはためしに、一か月続けてみてください。

「ありがとう」のハードルは、できるだけ低めに。

TOTONOERU

良質な睡眠を作り出すために「自分を褒める」

大人になってから人に褒められた記憶はありますか？　あまりないという人も多いのではないでしょうか。

日本人はあまり人を褒めないそうです。だからなのか、自然と**自己肯定感**が下がってしまうのかもしれません。

そこで**感謝のワーク**と一緒におすすめしているのが、**自分を褒めるワーク**です。

今日を振り返って、５つ自分を褒めてみる。そのためには「あたりまえ」だと思っていたことに気づく。これが大事です。

「ちゃんとメイクをして出社して偉い！」

「職場の同僚に笑顔で挨拶ができた。よく

やった！」

「ランチを残さず全部食べた！　すばらしい！」

「今日やるべき仕事をちゃんと完了させた！　さすが！」

「必要なものは買ったけど無駄遣いはしなかった！　すごい！」


続けていくうちに、もしかしたら前日と内容があまり変わらない、ということが出てくるかもしれません。そのときは意図的に「前の日とは3つ以上違うことを褒める」ようにしてみてください。

ただ自分を褒めるだけで、自己肯定感が上がることが実感できるようになります。これもまた、身体症状の改善や睡眠の質の向上につながった、などの効果があるようです。

▼
毎日できなくてもかまいません。思いついたときにやってみるだけでも効果があります。

TOTONOERU

自分の感情に責任を持つ

同じことを言われたときに、傷つく人もいれば、平然としている人もいます。また、AさんとBさんに全く同じことを言われているのに、受け止め方が全く違う、という場合もありえます。

つまり、人の言動をどう受け止め、どう反応するかは、すべて自分自身で決めているのです。だから、「あなたの一言で傷ついた！」ということはありえません。

しかし、わたしたちはよく「人のせい」にしてしまいます。誰かの態度にムッとしたり、誰かの言葉で悲しくなったりする。それは相手のせいだと思いたいからです。ですが、そうして誰かのせいにして気分は良くなるでしょうか？　はたまた、その人が謝れば気持ちはすっきり晴ればれとするでしょうか？

案外そんなことはありませんよね。むしろ、その謝り方に誠意がないと、怒りが持続してしまうことも。誰かのせいにしているうちは、問題は解決しないのです。

自分で決めている感情だから、それを扱えるのは自分しかいない。そうやって、自分の感情に責任を持つようにしていくと、無意識の罪悪感から解放されます。また、自分の感情を自分で処理できるため、気持ちを軽く、楽に持つことができます。

そのためにぜひ習慣にしたいのは自分のご機嫌は自分で取るという心がけ。

これだけで自己肯定感が上がり、気分よく目覚め、良い一日が過ごせるようになるでしょう。

誰かのせいにしてしまったときは「違う違う、これは自分が選んだ気持ちだ」と思い直して。

TOTONOERU

ヴィジョンは指し示されるもの

ヴィジョンとは「ワクワクドキドキする未来」を指し、高揚感や喜びが自然と湧いて出てくる目標でもあります。
これは、自分で思いつくというよりも、何かに「指し示されるもの」といえます。

今ある目標に向かってベストを尽くしていると、自然と道が示され、導かれるようにその目標以上のすばらしい世界に連れていってもらえるのです。

私がかつて本を書きたい！　と思っていた頃、出版社とのつながりもなく、どうすれば本が出せるのかもわかりませんでした。そのとき、ふと「きっと作家だったら毎日文章を書くだろう。じゃあ、私も毎日ブログを書くようにしよう」ということに思い至りました。

その日以来、できるだけ毎日文章を書き綴るようにしていました。もともと文章を書くのは好きだったので、楽しみながらブログをアップしていたところ、ある日突然「本を出しませんか？」というお話が出版社から舞い込んだのです。それから現在までに40冊以上の本を上梓《じょうし》してきました。

わたしたちは、今できることしかできません。だから、今できることを一生懸命やればいいのです。できればそれを楽しみながら。

そうすることできっと、一見つながりのないところにつながりが生まれ、夢が叶ったり、ワクワクする**ヴィジョン**と出合えたりするのです。

▼

今の目標に向かって今できることをやればいいと自分に何度も教えてあげてください。

TOTONOERU

夢を実現するには
まず「意識」から

叶えるのはずっと先だと思っていた夢でも、それをリアルに意識していると、ずっと早く現実化することがあります。

昨年、私の弟子のひとりがご主人とタイへ移住しました。

彼女はずっとタイに住むのが夢だったのですが、それは夫の定年退職後に実現できればいい、と思っていました。

しかし、タイへ旅行したり、現地での生活をイメージしたり、いろいろな人たちにその夢を語っていたところ、ご主人が突然「元気な今のうちにタイに行こう！」と言ってくれたのです。

さらに、ご主人の現地での就職先もとん

とん拍子に決まり、彼女もオンラインでカウンセリングや講師ができるため、すぐに移住が叶ったのでした。

また、あるクライアントさんは、婚活を始めた当初からブライダルフェアに通い、モデルルームを見て回り、ペアのパジャマを準備したりして、日ごろから結婚生活を意識していました。

すると数か月後、とても話の合う男性と意気投合し、本格交際がスタート。事前準備のおかげか結婚式場もすぐに決まり、一緒に住む家を探し始めたそうです。

驚いたのは、なんと彼女が準備していたパジャマが、彼のサイズにぴったりだったということ。こういう話は本当によくご報告いただきます。大げさではなく、**その気になって今できることをやっていると、きっと夢は実現します**よ！

夢を叶えたあなたはどんな生活をしている？　どんな考え方をしている？　日々それを意識してみて。

TOTONOERU

あなたの邪魔をするドリームキラーは身近にいる

あなたが夢に向かって頑張っているときに、冷や水を浴びせるような言動をする人が現れることがあります。

それは**ドリームキラー**と言われる人たちで「どうせ失敗する」「あなたにできるわけがない」「そんなの時間の無駄だ」と、あなたの夢を潰そうとします。

「夢だった起業を決めたら、それまでよく目をかけてくれた先輩に全否定された」

「いつかは海外に行きたいと思って語学を勉強していたわたしを、父はいつもバカにしていた」

「長年の婚活が実って結婚が決まったことを仲のいい友人（既婚）に報告したら、全く喜んでくれないばかりか、露骨にいやなことを言われた」

ドリームキラー化する心理には**嫉妬**や**競争心**（＊54ページ参照）があります。こういった感情は、より距離が近い人のほうが強くなるのです。

なぜなら、距離が近い人ほど、あなたの変化に影響を受けるから。それが仮に良い影響だとわかっていても、自分も変わらなければならなくなる、ということに抵抗を示す場合もあります。

ただ、深層心理を見ると、**ドリームキラー**は**投影**（＊38ページ参照）、つまり自分の中の否定的な思いが身近な人を通じて表れている、と見ることもできます。

ドリームキラーのおかげで自分自身と向き合い、夢を叶えることによりいっそう本気になれるため、その実現確率も高まるといえるでしょう。

ドリームキラーが現れるほどの夢があるのはすばらしいことだと受け止めましょう。

TOTONOERU

コミットメント＝選択し続けること

心理学でいうコミットメントとは「腹をくくる」「覚悟を決める」「より本気になる」というニュアンスです。

正確には**選択し続けること**を意味します。

たとえば、カウンセラーになる夢にコミットする、というのは、カウンセラーに「なる」「ならない」という選択肢のうち「なる」をつねに選び続けること。

「ならない」という選択肢を捨て「なる」だけを選ぶことは**不自由**であり、**執着**を生んでしまいます（＊162ページ参照）。

さて、このコミットメント、初めは意志の力で行われますが、徐々に潜在意識の深いところまで届ける必要が出てきます。つまり、より本気で取り組むということです。

コミットメントが難しいのは男性性（**意志の力**）だけではどうにもならず、女性性のサポートが必要な点です。

男性性だけでは**執着**になったり、意地を張ったり、猪突猛進になったりしやすいもの。つまり、思考的になりすぎて気持ちがついていけなくなり「自分は本当にこれがやりたかった？」という疑問が出てきてしまうのです。

そこに女性性の**感性**、**直感**などの要素を採り入れることで、感情を把握しながら選択し続けることができ、地に足を着けて前に進めるようになります。

また、他人の協力を受け入れたり、仲間のサポートを得て問題や迷いを打ち消せたりできるようになるのです。

▼ **あなたが今向き合うべきテーマにコミットメントしてみよう。**

TOTONOERU

サレンダー
〜人事を尽くして天命を待つ〜

自立して生きてきた人ほど「人に頼れない」「他人を信用できない」「ひとりで抱え込む」など多くの問題を持っています。

そうなると、何事も自己完結するため、誰かと（恋愛に限らず）パートナーシップを組むことが難しくなってしまいます。

何でもひとりで頑張っていると、燃え尽き症候群になりかねません。周りからは成功しているように見えても、心の中はすさんでいて、孤独感でいっぱいなのです。

そんな人には**サレンダー**というあり方、考え方をおすすめしています。

プロポーズをして相手の返事を待つ、社運をかけたプロジェクトのプレゼンに挑む、資格試験の結果を待つ。バトンは相手の手にあり、自分にはもう何もできない状態。**いわば人事を尽くして天命を待つという心境。**

それが**サレンダー**のわかりやすい例です。

自立にこだわっていると、結婚しない、ハイリスクなプロジェクトには挑まない、資格は取らない、というチャレンジ性のない人生を歩むようになります。そうした選択は成長や変化に乏しくなるため、人生に退屈を覚えてしまうでしょう。

「流れに身を任せる」「信頼して待つ」「ただ相手に身を委ねる」。ひとりで頑張ってきたあなたにとっては勇気のいる選択になるかもしれません。

けれど、イキイキとした人生を歩むために、もう一度誰かを信頼し、孤独を捨てて誰かとつながってみませんか？　そういうときにサレンダーが役に立ちます。

墓場まで持っていく！　と決めていることを、勇気を出して誰かに話してみませんか？

TOTONOERU

恵まれていることに罪悪感を持たなくていい

罪悪感と聞いてパッと思いつくのは「誰かを傷つけてしまった」という加害者側の感情ではないでしょうか。

罪悪感にはさまざまな種類のものがありますが、特に取り扱いが難しいのが**恵まれていることへの罪悪感**。わたしだけいい思いをして申し訳ない、という感情です。

「家が裕福だったから周りの子が買ってもらえないおもちゃも持っていた」「外見が良かったので自分だけチヤホヤされて同級生の目がすごく気になっていた」「きょうだいの中で自分だけが県外の大学に進ませてもらった」「災害時に周りの被害は大きかったけれど、自分の家だけ無傷だった」

など、さまざまな場面で生まれる罪悪感です。

この場合、自分をたいしたことないように見せようとしたり、「自分だけいい思いをしているから頑張らなければ」とハードワークに陥ったり、過剰に周りの目を怖れて表に出られなくなったり、自分を傷つけることで自分にも恵まれないものがあることを証明しようとしてしまうのです。

せっかく恩恵を授かっているのに、それを**罪悪感**として捉えてしまっているために活かせない。もったいないですよね。

もしあなたが、まわりの人からは「何も問題がなさそう」「幸せそう」と見られているのに、そう感じられないのであれば、もしかしたら恵まれていることへの罪悪感があるのかもしれません。

▼ **罪悪感ではなく、感謝として捉えられるよう、意識を変えてみましょう。**

TOTONOERU

問題の陰に才能あり

「この方の悩みはどんな**才能**につながるのだろう？」カウンセリングにおいて最も大切にしている見方です。

そもそもわたしたちは、どうでもいいことに悩んだりはしません。悩むだけの価値があると（潜在意識が）判断したことにだけ悩むわけです。

それは、少なくとも自分にとって大切なものであり、それだけエネルギーをかける価値があることを示しています。

もし、長年同じ悩みを抱えているならば、解決のために費やしたエネルギーは膨大で、それにともなって集められた知識、経験、情報、ノウハウ、価値観、考え方もまた膨大なものになる。つまり、**長年悩み続けられるものというのは、いわば才能を表していると考えられます。**

たとえば、夫婦関係を専門とするカウンセラーとして活躍しているKさん。彼女は離婚問題で大いに悩んだ過去があるため、同じように悩んでいる人の気持ちがいやと言うほどわかります。

どうしたら夫婦関係を改善できるのか？　どうしたらもっとお互いが理解し合えるのか？　どうしたらもっと前向きにこの問題と取り組めるのか……。

自身が悩み、研究し、失敗を繰り返しながらもその問題を乗り越えたからこそ、同じ境遇にいる人たちに「道を示す」ことができる仕事、**才能**に出合えたのです。

あなたが人生で一番悩んだことは何でしょうか？　その裏側にはどんな才能が隠れているのでしょう？

TOTONOERU

「癒し」とは「忘却」である

癒しとは何だと思いますか？

ほっこりする、安心する、温かくて気持ちがいい、スッキリする、肩の力が抜ける、心が軽くなる、一般的にはこんなふうに表現されると思います。

それも確かに**癒し**なのですが、私は**忘却**であると考えています。

「そういえば去年は会社を辞めるかどうかで悩んでいたけれど、すっかり忘れてた」

「昔は父親のことが大嫌いで顔も見たくないと思っていたっけ。今ではふつうに尊敬できるのに、信じられない」

「23歳で大失恋したときは、人生に絶望していたな。今となっては懐かしい」

そんなふうに、悩んでいたこと自体を忘れている状態を**癒し**と定義しています（厳密には癒されて忘れていたのか、感情に蓋をして見ないようにしてきたのかは注意深く観察する必要があります）。

悩んでいたのを忘れているということは、今はその悩みの影響を受けていないということ。

でも、もしその悩みがトラウマとして残っているのであれば、その体験を忘れてはいません。ふだんは忘れていても、何かの拍子に思い出すと、心がざわついていやな気分になる。つまり、未消化の感情が残っていることを表しているのです。

その感情を解放し、解消できると、そのできごとは過去のものとなり、徐々に忘れられていくのです。

過去を振り返ってモヤモヤするできごとがあるならば、それはまだ心が傷ついている証拠。

TOTONOERU

「今の自分が最高！」と思えるようになること

もし、今この瞬間に「自分は最高だ！」と思えたらどうでしょう？

自己肯定感が上がっていくと、そういう思いが自然と湧き上がるようになります。

今の自分が好きだ。今自分と関わってくれている人たちのことも好きだ。大変なこともあるけれど、毎日が楽しく、面白く、そして、自然体で過ごせている。

そんな状態を作り出すために「今、自分の気分が良くなること」をしてください。「自分の機嫌は自分で取る」という考え方と似ています。

自分の気分が良くなることをいくつ思い浮かべられますか？

アイスを食べる。横になる。スマホを見る。友達とLINEする。アニメを見る。恋人とラブラブなところを想像する。推しの動画を見る……。

些細なことでかまいません。というか、些細なことのほうがいいのです。

自分の気分が良くなることをつねに選べていると、自己肯定感もどんどん上がっていきます。人に気を遣って疲れるようなことはしなくなるし、犠牲的な行動はしたくなくなる。それだけでなく、つまらないと思っていたことも楽しくできるように工夫し始めるようになるのです。

そうすると、今の自分が最高だ！　と思えるようになっていきます。

これは過去を悔やむ（後悔する）ことがなくなり、他人と自分を比べることもしなくなり、自分が自分でいられる状態、一言で言えば「幸せ」なのです。

▼今の自分が笑顔になれることを、さっそくやってみよう。

TOTONOERU

すべての問題は自作自演

すべての問題は自作自演、という見方ができます。

たとえば「会社から突然クビを言い渡された」というケースで考えてみましょう。

もしあなたが今の会社にすっかり依存し、転職など考えられない状態であるならば、その宣告は大問題です。もしあなたが家庭の大黒柱で家族を養う立場であり、家もローンが残っているのであれば、絶望的な気分になるはずです。

いっぽうで、あなたにはやってみたい仕事があるものの、なかなか勇気が出ずにくすぶっていたとするならば、その宣告は「渡りに船」だと感じられるかもしれません。

つまり、**同じできごとでも、受け取り手によって問題になるかならないかが異なる**のです。

「会社をクビになった」という表面的なできごとが問題なのではなく、やはりその内側にある自分の心がそれを問題にしているわけです。

この法則はあらゆる問題に言えることです。ですが弱い人ほど、それを誰かのせいにしたり、自分を被害者にしたり、その現実から目を背けてしまったりしがちです。自分の問題として受け止められないことも多いのです。

目の前の問題を「自作自演」として受け止められると、状況を前向きに捉えられるようになります。いったんは絶望したとしても、そこから希望を見出し「チャンス！」と捉えることができるようになるでしょう。

▼ **もし今抱えている問題が自作自演だとしたら、それから何を学び、成長しようとしているのでしょうか？**

TOTONOERU

乗り越えられない問題はやってこない

目の前の問題が自作自演で作り出したものならば、作った本人にそれが解けないわけがなく、乗り越えられないはずもありません。

では、なぜそう感じられないか？　というと、**変化**を怖れているからです。

あなたに与えられている問題は「今の自分」では乗り越えられないレベルのもの。自分と向き合い、自分を癒し、そして、自分を成長させることで乗り越えられるように設定されています。

言い換えれば、自分を成長させるために、自分自身で新たな問題を作り出しているということ。わたしたちは生きているかぎり、成長し続けようとします。すると、つねに新しい問題が目の前に現れます。ときには困難な問題に立ち向かわなければならないとしても、いろいろな人の手を借り、また、知恵をつけながら問題を解決していくのです。

少し思い出してみてください。10代の頃、あなたは何に悩んでいましたか。どんな問題を抱えていましたか。

それらを乗り越えて成長してきた今のあなたから見れば、簡単な問題に見えませんか?

10年後に今を振り返れば、きっと同じように思っているはず。乗り越えられない問題はないんですから。

今の問題を乗り越えるために「どんな自分になればいいか?」を想像してみましょう。

TOTONOERU

失敗をどう捉えるか？

「失敗なんてない。そう思うかは本人次第だ」。そう考えています。

たとえば、大学受験で第一志望校に落ち、滑り止めで合格した大学に進学したとします。このときは、大学受験に「失敗した」と絶望しています。

ところが入学後にとても素敵な恋人ができ、充実した大学生活を過ごします。

その後、就職活動に思いのほか苦労するも、やっとのことで内定が出たベンチャー企業では、一年目から重要な仕事を任されます。さらに、会社のＩＰＯにより20代でかなりの資産を手にすることができました。

さて、こうなると、「大学受験に失敗した」と言えるでしょうか？

それが失敗だったか失敗ではなかったかは、後の人生でいくらでも変わります。ひとつの失敗で人生が終わることなんてありえません。また、その失敗から思わぬ成功が生まれてくることだってよくあります。

ただ、日本人は他人の失敗を許さず、つねに完璧さを求める傾向があるように感じます。そう感じたときこそ、**自分軸**を意識して、まわりの考えに振り回されないようにすることが大切な生き方です。

失敗した、と思ったときは「それをどう次に活かせるか？」を考えることが大事です。

TOTONOERU

自分を幸せにできるのは自分だけ

あなたを幸せにしてくれるのは「誰か」でも「何か」でもありません。

自分を幸せにできるのは自分だけ。自分のあり方次第で、どんな状況にあっても幸せを感じられるようになるのです。

とてもつらい状況にありながらも、何とかもがき続けていたMさんから「状況が何も変わらなくて本当はつらいはずなのに、心がすごく軽い。なんなら幸せだ、と思える瞬間すらあるんです。わたしはおかしくなってしまったんでしょうか？」と相談を受けました。

それはおかしくなったのではなく、**自分軸**が確立されたために、他人に振り回されなくなったから。今の自分にできることを一生懸命やっているおかげで迷いがなくなったから。さらに、今の自分を少しでも笑顔にしようと取り組んでいるから、と言えるでしょう。

これは「問題を抜けた」状態です。状況は変わっていないけれど、もう問題はほぼ解決しています。なぜならば、心がしっかりその問題を受け入れ、前向きに捉えられるようになっているから。

ぜひ自分を愛し、喜ばせ、笑顔にしてあげることを日々意識してください。

▼今ある幸せを見つけて、それを習慣にしてみましょう。

おわりに

武闘派女子が登場するようになったのは、女性の社会進出と無関係ではありません。「女が学歴付けてどうするんだ」「結婚までの腰かけＯＬ」「専業主婦は三食昼寝付き」などという考えは過去のものとなり、男性と対等に仕事をする環境が整いつつあります。それに伴い、２０００年代頃からは「男が弱くなった」と言われるようにもなりました。つまり、相対的に女性が強い時代が始まったのです。

とはいえ、「自立して社会の中で生きていく」ためにはさまざまな壁に直面せざるを得ませんでした。会社の制度が旧態依然としていたり、経営者などのおじさんたちが男尊女卑思考だったり。そうすると彼女たちは「生きていくために闘う」ということを余儀なくされました。かつては「会社で認められるためには男の3倍働かないといけない」などと言われていたわけです。

そうした大きな社会の変化が起こっている中、自立してバリバリ働き、趣味や恋愛も謳歌《おうか》するたくましい女性たちが誕生しました。彼女たちは男性に対して受身だった前時代の女性と異なり、積極的に男性をリードし、時には自分からプロポーズさえします。理想のパートナーと出会うため婚活を「戦場」と捉え、積極的に様々な男性と出会っていく女性も増えました。仕事も自ら志願して難易度の高いプロジェクトに挑む方もいれば、職場の欠かせない戦力として縦横無尽に走り回る方もいますし、手に職を着け、自ら人生を切り拓いていく方もいます。

そうした女性たちを応援し、彼女たちが抱えている問題を少しでも軽くし、そして、より自分らしく輝けるようにサポートすることがカウンセラーとしての私の仕事になりました。

社会的には立派に自立して男たちを従えている女性でも、心の中には繊細で感受性が豊かな少女がいます。情に厚く、誰かのために頑張ってしまう性質から体を壊してまで仕事をしてしまったり、恋人への愛情が大きすぎて相手をダメ人間にしてしまったり、情熱を燃やすために難攻不落な相手を追いかけてしまったり、ほんと

う は強がってるだけなのにそれを分かってもらえなくて寂しい思いをしたり。

そんな武闘派女子のみなさんとお話してくる中で、心がふっと軽くなるような、未来に希望を持てるような、つい笑顔になってしまうような、なるほど！　と膝を打ちたくなるような、自分にどんどん自信が持てるような、そんなお話をお届けしたいと思っていました。

そのための考え方や心の持ちよう、ポジティブなあり方を長年研究してきた総まとめが本書と言えるでしょう。

どこを開いていただいても、今のあなたにフィットする言葉が見つかると思います。

また、本書では心理学をベースに、仕事や人間関係でとても役立つ心の法則も多数紹介しています。

ぜひじっくり読み込んで使ってみてください。心理学は使ってナンボですから。そして、楽に、自分らしく、笑顔で今日という日を過ごせるよう、活用していただければ幸いです。

心理学の世界では21世紀は女性性の時代と言われます。だから、とても女性らしさを持った愛すべき武闘派女子が世にはびこるのはむしろ良い兆候だと思っているのです。

さて、今日もそんな武闘派女子たちからの予約を頂いています。抱え込みすぎた仕事のことなのか、進展のない恋人との関係についてなのか、パートナーとの慢性的な問題なのかは分かりませんが、持てる知識を総動員して彼女たちの心を軽くできるよう頑張ってこようと思います。

この本を著すにあたり尽力してくださったハーパーコリンズ・ジャパン編集部の三上冴子さん、そして、本書のテーマにえらく共感して盛り上がって下さったハーパーコリンズ・ジャパン編集部・営業部のみなさま、そして、もちろんこの本の元ネタを提供してくださった私の武闘派クライアントのみなさまに心から感謝申し上げます。今後も新鮮なネタを提供し続けてくださること、楽しみにしております。

２０２３年10月　根本裕幸

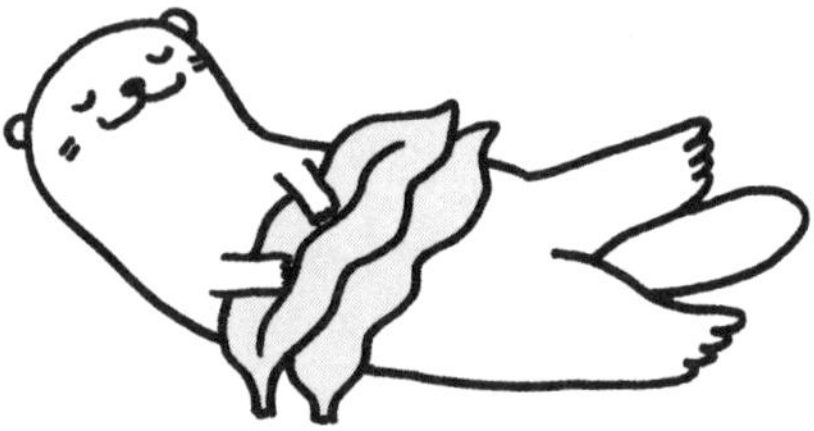

根本　裕幸（ねもと・ひろゆき）

1972年9月6日生まれ。静岡県浜松市出身。2000年にプロカウンセラーとしてデビューし、延べ15000本以上のカウンセリングをこなす。2015年よりフリーのカウンセラー／講師／作家として活動を始める。現在は東京・大阪・オンラインを中心に、面白くて、分かりやすく、とても役立つと評判のセミナーやセッションを開催しながら書籍を執筆。『敏感すぎるあなたが7日間で自己肯定感をあげる方法』（あさ出版）、『いつも自分のせいにする罪悪感がすーっと消えてなくなる本』（ディスカヴァー・トゥエンティワン）、『「もう傷つきたくない」あなたが執着を手放して「幸せ」になる本』（Gakken）をはじめ、これまでの著作は累計31万部を超える。分かりやすさと明晰かつユニークな視点からの分析力、さらには、具体的な問題解決のための提案力には定評がある。

戦闘力上がりすぎてひとりで頑張っているあなたへ
1日5分、スキマ時間にととのう本

2023年10月6日発行 第1刷

著者	根本裕幸
発行人	鈴木幸辰
発行所	株式会社ハーパーコリンズ・ジャパン
	東京都千代田区大手町1-5-1
	03-6269-2883(営業)
	0570-008091(読者サービス係)
印刷・製本	中央精版印刷株式会社

Printed in Japan
ISBN978-4-596-52326-6